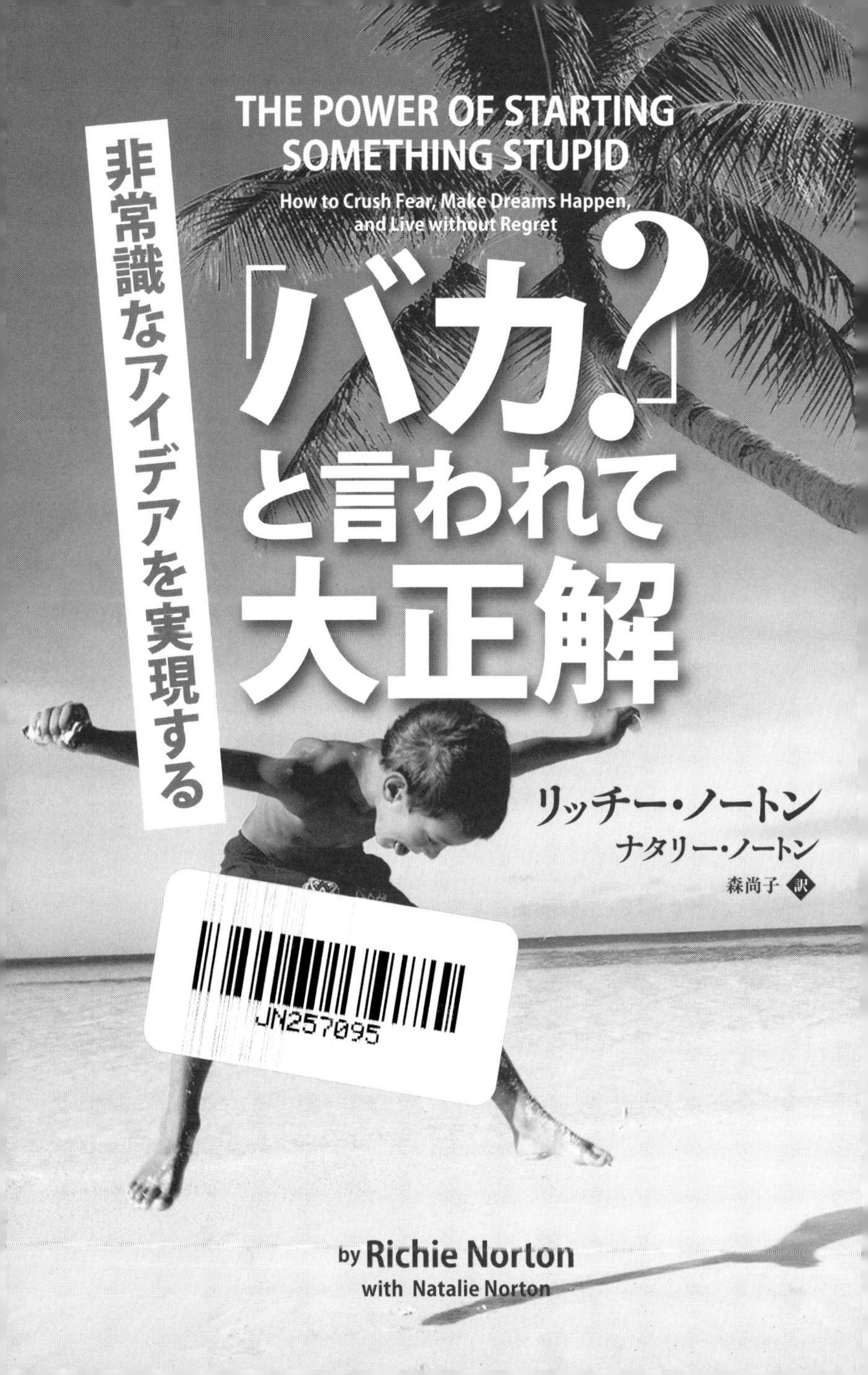

THE POWER OF STARTING SOMETHING STUPID

How to Crush Fear, Make Dreams Happen, and Live without Regret

非常識なアイデアを実現する

「バカ？」と言われて大正解

リッチー・ノートン
ナタリー・ノートン
森尚子 訳

by Richie Norton
with Natalie Norton

CONTENTS

まえがき

私の子ども時代に、父がいつも言っていた言葉がある。「自分の機転と自発性（R＆I）を大切にしなさい」。

これは私の学んだもののなかでも大事な教訓のひとつで、機転（Resourcefulness）と自発性（Initiative）を使えという意味だ。父は、人間は周囲の環境の犠牲者などではない、自分の運命という船の船長なのだと私たちに教えてくれた。父の『7つの習慣』（キングベアー出版）の第一の習慣、「主体性を発揮する」は、この考えがもとになって生まれたものだ。

本書はこの「主体性を発揮する」という、確かな原則の神髄がまとめられた出色の1冊だ。私たち人間は、周囲の環境が決める筋書きに従って生きるだけではない。自分の人生に創造力を使うことも、ときには自分では気づかなかった秘められた可能性を実現することもできる。

私はこの本をとても気に入っている。この本の雰囲気が好きなのだ。エネルギーと刺激、そして自信を与えてくれる。人生ではどんなことも可能であると、人生は短いと、今すぐ行動しなくてはいけないと教えてくれる。

同時に著者リッチー・ノートンは「私たちは行動を起こすとき、自分の心の底にある価値感と違わない行動をしなければならない。本当の自分らしさを最大限に発揮するには、まず自分の動機がどこにあるかを知っておく必要があり、自分以外の人に利益をもたらすことが動機でなければならない」と言う。私が特に著者に共感するのはそこだ。

彼の講演を初めて聞いたときから、彼が他人を尊重し、他人の役に立ちたいという心からの熱い思いをもつ人物だと感じていた。その後、彼自身が人生の試練に立ち向かい、他人に大きな影響を与えられるほどの人間性と能力を築いていくのを私はこの目で見た。そして、いまや大胆で勇敢なリーダーとなった。

読者のみなさんは、人生の難題にぶつかり、その意味を理解しようとして――あるいは、自分の夢を追う勇気が出るよう背中を押してほしいと願って、この本を手に取ったかもしれない。信頼できる友人が本書を推薦したからかもしれない。それとも、単にタイトルに惹かれたのかもしれない。

どのようにして本書に巡り合ったにしても、とにかくすぐ読み始めることをお勧めする。人生の次の段階に足を踏み入れるのに最高に完璧なタイミングなどありはしない。

あなたがこれからキャリアを積もうとしている新社会人なのか、キャリアを積んだ中堅どころなのか、そろそろキャリアに幕を引こうというベテランなのか。どの段階にあろうと、この刺激的な本が教えてくれるのは、人生の最善の日々はこれから始まると考えて生き、自分のひらめきを行動に移す、つまり「バカげて見える」何かを始めるのが、あなたにできる最高に賢い（スマートな）ことだという事実だ。

この本にはいくつも魅力があるが、ここでは特に次の3つを紹介しよう。

1つ目。本書は形骸化した思考法を賢いやり方で粉砕してくれる。新鮮で適切な示唆をしてくれるのはもちろん、あなたのことを揶揄する人間や、あなたの足を引っ張る横槍をきっぱり切り捨てている。

今、私たちを取り巻く世界は、大波が次々と打ち寄せるように猛スピードで変化している。本書は、絶えず変化する人生の波をかき分けて進むとき、標識灯のようにあなたの人生の日々を照らし出し、大事なことを浮き上がらせ、注意を向けるべき的を知らせてくれる。型破りでも普遍的な真理にしたがって、成功を重ねていく秘訣を伝授してくれる。最も大事なものとは何なのかを理解し、イノベーションを着実に実行し、恐怖とプライドと先延ばし癖を克服し、あなたの最も大事な願いに到達する方法を教えてくれるだろう。

2つ目は、本書のキーワードでもある「ＳＴＡＲＴ」の項（187ページ）に登場する奉仕と信頼の原則だ。ここでは、成功している人たちがどうやって奉仕し、感謝し、求め、受け取り、信頼しているかが解明されている。

「バカげたアイデア」を実行に移し、想像とイノベーションとその影響によって革命を起こそうとする人や組織にとって、これらの原則は必ず必要になってくる。「ＳＴＡＲＴ」という5原則による手法は何かのプロジェクトを始め、取り組みにさらに集中し、最終目標を達成するとき、きわめて有効だ。

3つ目は、人間性と能力、勇気、配慮、謙虚、プロ意識とを結合させることに成功した稀有な人材が著者であること。その資質ゆえに、彼は読者から信頼される著者になった。

本書が、自分の人生と仕事を振り返る機会を与えてくれた。そして、私がビジネスや私生活で過去に手に入れた成功は、思い返せば、いつもバカげた何かを始めた結果だったと気づかせてくれた。

本書が教えてくれるように、「バカこそ新しい賢さ（ニュー・スマート）」であり、私が下してきた「ニュー・スマート」な決断が、自分の人生の決定的瞬間となってきた。

本書は私の精神に再び火をつけ、人生とビジネスへの新たな展望をもたらした。あなたにもきっと同じことが起こるにちがいない。

「人生は短い。今すぐバカげた何かを始めよう」

実は私自身、次なるバカげたアイデアをすでにスタートさせている。読者も本書を読み、活用し、バカバカしいアイデアを自分らしいニュー・スマートな何かに転換してくれることを願っている。

スティーブン・M・R・コヴィー

I章

「バカ」こそ新しい賢さ

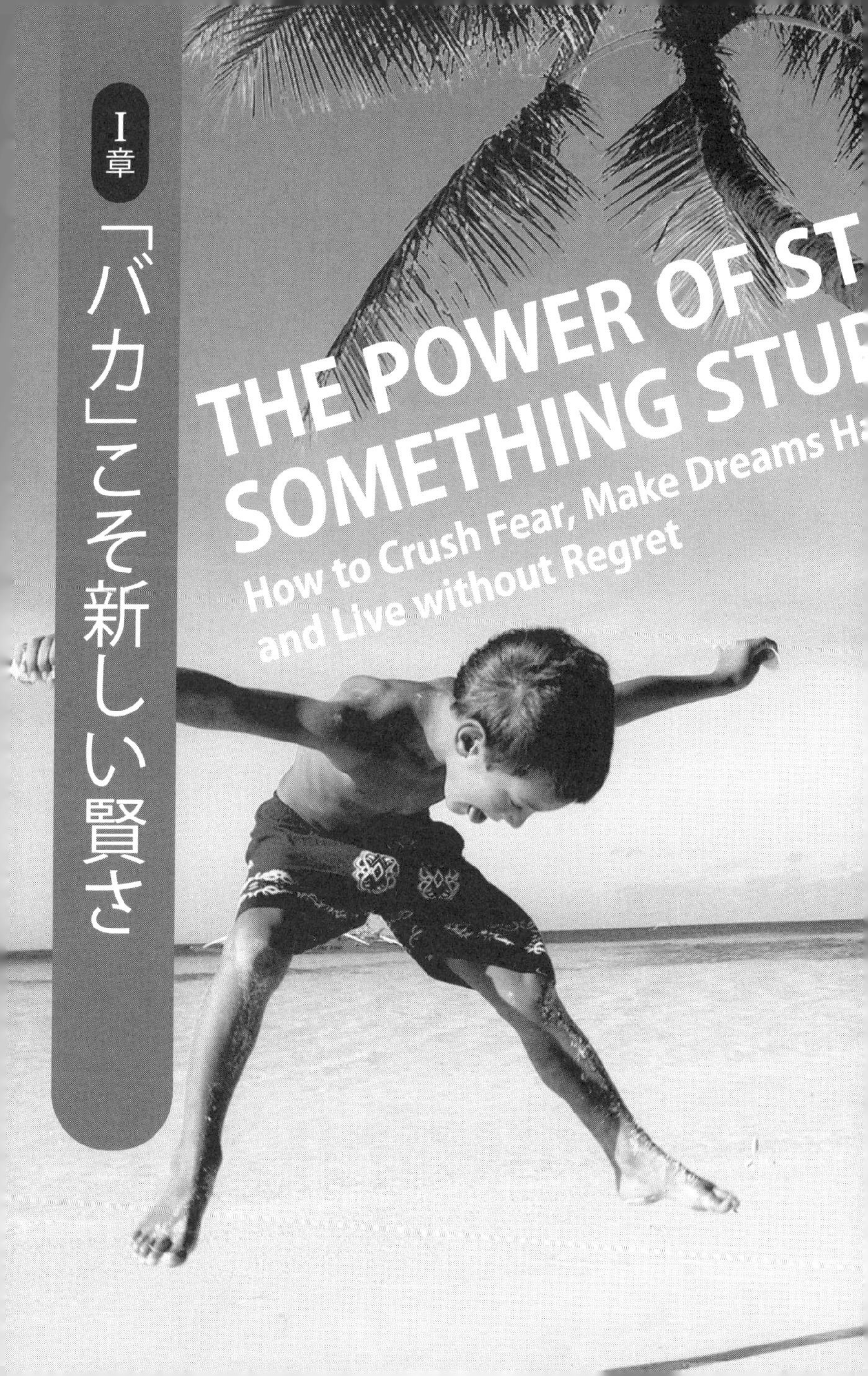

バカなやつほど成功する

ハングリーであれ。愚か者であれ。

——スティーブ・ジョブズ

天才と愚か者の違い、それは、天才には限界があるということだ。

——アルバート・アインシュタイン

最初、彼はバカげたアイデアだと言った……そしてそれから、一緒にやろうと言ってくれた。

——ピエール・オミダイア（イーベイ創業者）

大勢の人がバカバカしいと感じたらしい……わが社の技術者のなかにも興味さえ示さない者もいた。

——ビズ・ストーン（ツイッターの創業者の一人）

私がやることは、いつもバカげていると人から思われる。

――セス・ゴーディン（ベストセラー作家）

彼らのサウンドが気に入らなかった。ギターミュージックはもはや時代遅れになりつつあった。

――1962年にビートルズのレコーディングを断ったデッカ・レコーディング社

頭がおかしいんじゃないか？　俺の顔をサラダドレッシングのラベルに載せるだって？

――ポール・ニューマン（俳優・ニューマンズ・オウン食品の創設者）

アイデアを披露したら、みんな笑った。紙のチケットを持たずに空港に行こうとする人間なんているはずがないって。……今では誰もがそうしている。おかげで航空業界は莫大な経費を節約できた。

――デイヴィッド・ニールマン（ジェットブルー航空CEO。電子航空券の登場について）

スタジオに天才はいらない。

――ウォルト・ディズニー

愚者は己が賢いと考えるが、賢者は己が愚かだと知っている。

――ウィリアム・シェークスピア

非常識な人間に幸あれ。反逆者、問題児に幸あれ。人とは違う考え方をする人間に幸あれ。世間はそういう人間のことを頭がおかしいと思うかもしれないが、当社は天才だと考える。世の中を変えられると考えるほど常識はずれな人間こそ、本当に世の中を変えることができるからだ。

――アップル社

偉大な成功には共通項がある。それは「バカバカしさ」だ。

私は、何百人もの人間に直接会ってインタビューをし、学術的な調査研究を読み、著名人と一般人のどちらも同じように徹底的に調べた結果、おもしろい傾向を発見した。過去においても現在においても、成功する人間は自分が「バカ」であることをいとわないのだ。むしろ堂々と愚か者であろうとする……ただし、賢いやり方で。

1 最初に知っておくべきこと

ギャビンの法則

決断をしなければならなかった。簡単にはできない決断だった。

看護師は静かに部屋に入ってきて、エピネフリンを点滴に注入した。私は看護師が来たことに気づかなかったが、彼女が部屋を出ていくとき、ガラスの引き戸を閉めて外のカーテンを引き、私たちをそっとしておいてくれたことだけは分かった。

部屋に残ったのは私たちだけだ。何日もずっと、ひっきりなしに医師や病院スタッフが来ては何かしらしていたのに、今、この部屋は何ひとつ物音がしない。静寂のなかで人工呼吸器のひそやかな作動音と、心電図のピーピーという機械的な信号音だけが響いていた。

私の体じゅうの血管を、狂ったような勢いでアドレナリンが流れていた。ベッドの横の丸椅子に腰かけているのに、部屋がぐるぐる回っているかのようなめまいを感じた。あやうく吐きそうになり、椅子からすべり落ちないよう、ベッドの手すりにつかまった。

私の目は彼を見てはいなかった。部屋の隅の椅子に崩れ落ちたように座り、泣きじゃくる彼女から目を離すことができなかったのだ。彼女は胸を大きく波打たせ、両手で顔を覆っていた。

「こんなこと、決めちゃいけなかったのよ」。彼女が言った。髪の毛をわしづかみにしてくしゃくしゃにしてから、顔にかかった髪を払った。まるで、自分でも気づかないうちに勝手に言葉が口をついて出てきたようだった。

いまだかつてこんなに苦しい思いをしたことはない。私は彼女の手を取り、目をのぞき込んだ。「僕たち2人でこの難しい決断をしたんだよ。蘇生措置はしないって」。

それは、2010年1月7日の夜中を少し回ったころだった。

その2年前

2007年、春。晴れ渡ったいかにもハワイらしい日、ギャビンは灰色のプラスチックの箱を取り出し、その中に何冊かの日記と、アッシジの聖フランシスコの「平和の祈り」の書かれたボロボロのカードと、そのほか大切な物をいくつか入れた。

箱は表に「2027年に開けること」と書いて封印した。飾りのように小さな海賊の絵を油性ペンで描き、「ハロー、ジジイのギャビン」と未来の自分へのメッセージも添えた。

潮風にやられて錆びたビーチ用自転車を引っぱり出してくると、バランスを取るように箱をそっと膝の上に載せ、はだしでペダルを漕いでハワイの緑濃い山に向かって走り出した。

かれこれ5年、ハワイは自分のふるさとだとギャビンは言っていた。ギャビンが生まれてからの年月の4分の1に近い時間だ。ギャビンは、自分に多くを教え、与えてくれたハワイのコオラウロアの美しい山のふもとに宝物を埋めた――それから20年間は開けないつもりで。

だがそのわずか数週間後、ギャビンの日記は掘り返された。私は、ギャビンの若い命を惜しむために集い、悲しみにくれている数百人の前で、彼の日記の抜粋を読んでいた。

タイムカプセルを埋めてから3週間もしないうちに、若く健康で生気にあふれていた私の義理の弟は睡眠中に突然亡くなった。まだ21歳だった。

ギャビンの死から2年ほどして、私の妻ナタリーは四男を生んだ。私たち夫婦は、誇りの気持ちをこめて、生まれた子に亡き叔父の名前をつけた。赤ちゃんのギャビンは２００９年10月24日生まれ。非の打ちどころのない、いい子だった。その子のやんちゃな兄たちも、そのとおりだと言っていた。

だが生まれて10週間ほどの幼い命とともに、私たち夫婦はまたも病室に取り残されていた。私たち以外には、一切しゃべらないもの静かな看護師と、ただエピネフリンがあるだけだった。ギャビンの両脇にナタリーと私が寄り添っていた。「蘇生はやめませんか」という言葉が耳を離れず、赤く腫れた目にはただ涙がしみていた。

最初に思ったのは、助けるためなら何でもしてほしいということだった。すぐに口をついて出た言葉はもちろん、「蘇生措置をお願いします！」

そんな当たり前のことをわざわざ聞いてくる医師の無神経さが理解できなかった。医師の説明が頭の中でガンガンと鳴り響く。「百日咳」「二次感染」「実験的な治療」「最期」「手の施しようがない」「別れを言うときが来た」……。考えがまとまらなくなり、理性が低下し、何の判断もできない。

そしてとてもゆっくりと時間をかけて、ようやく自分たちが置かれた状況を現実のこととして受け止め、目の前の絶望的な状況を理解し始めた。

蘇生措置はギャビンの苦しみを残酷に長引かせるだけで、それで命が救われることは絶対にないのだ。涙をこらえよう、勇気を振りしぼってあきらめようとした。

ナタリーと私は2人で泣きながら、まだ幼い息子に「深く愛している」と伝えた。妻はギャビンを両腕に抱き上げて優しく揺らし始めた。私はギャビンの胸にそっと手を置き、小さな心臓が最後に打つ鼓動をこの手に感じた。私たちが涙を流しながら子守唄を歌うなか、ギャビンの命の火は消えていった。空っぽの手で病院を出たその日ほど、この手に重いものを感じたことはない。

赤ん坊のギャビンは、わずか76日でその生涯を終えた。

ギャビンの法則

息子の死からまもなくして、私のメンター（信頼のおける良き相談相手・師）でもある友人がハワイの大学で講演をすることになり、ナタリーと話を聞きに行った。

講演が終わると、友人が私たちの席まで来て、あいさつとお悔やみを言ってくれた。しばらく雑談をしていたが、友人は妻の目をまっすぐ見つめて唐突に言った。「で、あなたは何を学んだの」

その問いかけがあまりにストレートだったので、度肝を抜かれた。ありがたいことに、いつも俊敏なナタリーは、呆気にとられるだけの私を横目に愛想よくすらすらと賢い返事をした。

だが私はそれから数カ月が過ぎても、友人の投げかけた問いが忘れられなかった。

「で、あなたは何を学んだの」

この問いが私の人生を変えた。義理の弟が亡くなり、息子が亡くなった。これが現実だ。これを阻止するために自分にできることなど何もなかった。

突然、焦燥感を覚えた。人生にはタイムリミットというものがあるのだ！

焦燥感だけでなく、自分にはどうしようもない状況がこの世の中にはあるということに気がついた。今回のことだけでなく、人生の折々に同じことがあるだろう。「いつか自分が本当に生きたい生き方ができる日が来ますように」と、環境や状況が変わるのをただ待って、変化が起きますようにと望み、願っても、たぶん永遠に待ち続けるだけの人生を過ごすことになるのだ。

もう少し待ったほうがよさそうな理由なんて、いつだってたくさん思いつく。人生には、待ったほうがいい理由も山ほどある。だが2人のギャビンは今日を生きろと私に教えてくれた。私は義理の弟と息子の死から学んだ教訓を、「ギャビンの法則」と名づけた。
スタートするために生き、生きるためにスタートしよう。

待つな、スタートしろ

人は、人生で夢中になれる何かを見つけるものだ。あなたにも、情熱を注ぎたくなるものが何かあるだろう。人は誰でも、仕事や生活における目標や願望に向けて自分を突き動かし、進ませる直感的な何かを持って生まれてくる（もちろんあなたも同じ）。だが私たちはその直感を、「こんなのはただのバカげたアイデアだ」と片づけてしまう。そしてせっかくのチャンスを逃してしまう。なぜだろうか。

（そう意識しているかいないかに関係なく）周りが賛成してくれないことが気になるせいかもしれない。あるいは失敗したら他人からどう思われるかが怖いのかもしれない。理由は何であれ、自分を適当にごまかして納得しようとする。

「自分よりもっと自由な時間のある人には、このアイデアはいいんだけどなあ……」
「自分よりもっと学歴のある人には、このアイデアはいいんだけどなあ……」

「自分よりもっとお金のある人には、このアイデアはいいんだけどなあ……」
「誰だって、こんなアイデアは正気の沙汰じゃないと思うだろう。間違いない」

言い訳はさまざまだが、やることは同じだ。直感から生まれるアイデア、成功の可能性が大きいアイデアを、「バカ」「愚か」というラベルを貼ったひきだしの奥深くにしまいこみ、二度と引っぱり出さない——または、待つだけの人生を送ることになる。

人間は待つ生き物だ。今以上に時間に余裕ができる日（そんな日は決して来ない）、自分は教育を十分に受けたと思える日（いつだって学ぶべきことは、もっともっとある）、資金に余裕ができた日（どれだけ稼いでも、それ以上稼いでいる人はほかにいる）が来るのを、あてもなく待つ。

子どもが成長するまで（ここであなたにニュース速報をお伝えしよう。子どもは成長しても「はい、さようなら」と縁を切ることはできない）、仕事がひと段落するまで（そんな日は永久に来ない）待つ。私たちは、「これ」がどうにかなるまで、「あれ」が終わるまで、「何か」が変わるまで待つ。

日々届く請求書を支払い、生活費を稼ぎながら、「完璧なタイミング」を根拠もなく待って待って待ち続けて、ある日ベッドで目を覚ましたときに、自分の人生がもう最終コーナーに差しかかっていることにふと気づくのだ。

私は、自分の生活と仕事のさまざまな局面で「ギャビンの法則」を意識して生きてきたので、「バカげた何か」を実行に移すことの大切さと、そうしてはじめて満足感と本物のパワーが手に入るということを知っている。ギャビンの法則を受け入れれば、人生がそれまでとは180度違うものになるだろう。

目標達成に向けてスタートするのに、「今」以上にふさわしいタイミングなんてありはしない。待つのをやめること、スタートすること、それだけだ。あなたのバカげたアイデアを実行に移すために生き、意味と自由と幸福と楽しさと真実と影響力に満ちた後悔のない人生を始めよう。

要するに、あなたが使える時間は「今」だけだ。いいかい。バカげた何かをスタートさせずにいたら、人生はあっという間に終わってしまうよ！

カレンダーの数字に惑わされてはいけない。
大切なのは、そのうちの何日を無駄なく使ったかだ。

——チャールズ・リチャーズ（カナダの判事）

たった1つを除いて、人からあらゆるものを奪うことはできる。
そのたった1つのものとは、人としての自由だ。どんな状況にあっても自分の態度を決める自由、自分のやり方を選ぶ自由だ。

——ヴィクトール・E・フランクル（『夜と霧』著者）

2

「バカ」は新しい賢さ《ニュー・スマート》

古着ジーンズとクリエイティブ・パズル

天才の偉業を見てみると、凡人が捨てたアイデアが使われている。
凡人は、優れた成果を見るだけだ。

——ラルフ・ワルド・エマーソン（アメリカの思想家・詩人）

１９８０年代半ばのこと。日本で英語教師をしていたカナダ人のクレイ・リーヴィットは、あるおもしろいことに気づいて、それが気になって仕方なくなった。それは、日本のティーンエイジャーがあるとき一斉にリーバイスやその他のブランドの色あせたジーンズをはき始めたことだ。

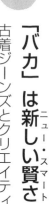

クレイは言う。「当時、突如として世界中の若者がＭＴＶなどの番組で流行ファッションを目にするようになった。いわゆるアメリカのストリートファッションだね。あっという間にジーンズが『アメリカのファッション』の代表になったよ」

彼の頭の中で歯車が回転しはじめた。「妻と私は興味をそそられて、何人かの生徒にどこでジーンズを買ったのか聞いてみたんだ。彼らから聞いた古着屋に行ってみると、リーバイスなどのジーンズやデニムジャケットが驚くほどの高値で売られていた」

同じ商品がアメリカのリサイクルショップでは簡単に手に入る（しかもたった1、2ドルで買える）のに、日本では100ドルかあるいはもっと高値で売られていた。そのうえなんと、数千ドルもの価格で古着のジーンズやジャケットが取引されるコレクター市場までできていた！

「当時1万ドル以上で売買されていたデニムジャケットを今でも持っているよ」とクレイは言う。

その後、日本を離れて米国に戻ったクレイは、日本を相手にした古着ジーンズの販売会社を興そうと心に決めた。市場調査をすると、日本だけでなく世界各地に需要があることが分かった。実物を見もしないで、バカバカしいほどの高値で買おうとするバイヤーさえいた。

商売はうまくいきそうに思えたが、当面の生活資金のための仕事もしなければならないうえ、クレイ夫妻にはまもなく初めての子どもが誕生する予定だった。そこでクレイは、大学時代のルームメイトで級友だったダル・ゼンプに連絡を取り、一緒に仕事をしようと持ちかけた。

仕事場で、ダルともう1人の仲間ジョン・ペニントンに自分のクレイジーなアイデアを打ち明けてみた。中古ジーンズを集め、海外販売するビジネスに興味はないかと2人に打診したのだ。

「2人の反応は私の家族の反応と似たり寄ったりだった。突拍子もない話に思えたのだろうね。他人のはき古したジーンズなんか誰が欲しがるっていうんだ、しかも私が言うような法外な値段で……という反応だった」

クレイは必死に説明したが、ダルもジョンも疑わしげに首をひねるばかり。確かに、その反応も分からなくはない。

「翌朝、ジョンがリーバイス501を何本か持って出勤してきて、どれくらいの値がつくだろうと言ってきた。持ってきた品を見て、英国人バイヤーなら1本80ドルから100ドルくらいで買うだろうし、日本で買い手が見つかればもっと高値がつくだろうと答えた」

「ジョンは『すごい！　これ、家の裏のごみ箱にあったやつだぜ！』と驚いていたよ。あれは最高の偶然なのか、あるいは神様のお導きなのか……。とにかくその瞬間から、その先何十年も続くことになる僕たちの共同事業が始まったんだ」

「あのころは楽しかったよ。週末になると、ボイシ、フェニックス、デンバーまで車で出かけて、僕たちを相手にしてくれる古着屋で仕入れをして、車の腹が路面をこすりそうになるほどジーンズを満載して、月曜日の仕事に間に合うようソルトレイクまで帰ったもんだ」


彼らの取引先は、最初はドイツ、日本、フランス、イギリス、イタリアだった。だが徐々に、当初は予想もしていなかった韓国やタイなどの国とも取引するようになった。ヨーロッパで展示会を開き、アジアとヨーロッパをくまなく回り、規模の大小に関係なく小売店を一軒一軒訪問した。

そのうちテレビ広告を出し、全国紙のニュースに取り上げられるようになった。やがて、世界中から問い合わせや注文が殺到し始めた。

市場に近ければ近いほど価格を高く設定できることから、1989年にはクレイとダルは家族を連れてヨーロッパに移り住んだ。クレイは当時を振り返って言う。

「ダルは家族とドイツに移り、ミュンヘン郊外に倉庫兼店舗を借りて小口の買い手を開拓し始めたんだ。相手はほとんどが個人商店主だった。あるとき、倉庫を会場に販売イベントを開催することにしたんだ。新聞広告も出したけれど、コストの安いチラシを周辺の学校で配り、生徒たちに倉庫で直接販売すると宣伝したことで、翌日にはジーンズをほしがる子どもたちが行列をつくった。その週末は計7万ドルほどジーンズが売れたよ」

だが、すべてが順風満帆というわけではなかった。難しい決断をいくつも迫られたし、障害も多かった。

「中傷もされたよ。僕たちのビジネスが違法なのではないかと疑いの目を向ける人も多かったし、母にも、着古したジーンズの販売なんかして、ビジネススクールで頑張った6年間と自分の人生を棒に振るつもりかと言われた。母は、この商売は一時的なもので、そのうちやめると思っていただろうね」とクレイは話す。

もちろん、他人からは気でも違ったように見えただろう。だがクレイはこう言っている。

「人の目にはバカげて見えたに違いない。でも、僕らは自分たちが正しいと分かっていたし、実際に儲かってもいた」

「バカ」が「ニュー・スマート」に転じるパラドックス

ここで、読者には秘密をそっと打ち明けておこう。

もし、あなたのアイデアや、何かを変えたいという考え、心の奥でひそかに温めてきた夢がバカバカしくてお話にならないと誰かに言われたら――おめでとう！　あなたはもうわれわれの仲間入りだ。いまや、あなたは世界を率いる革新家、変革の仕掛人、新時代を切り拓くリーダー、起業家、企業内事業家、フィランソロピスト、エグゼクティブ、従業員、教育者、若者、ママ、パパ、家族、哲学者、メンターの一員だ。

人間は誰だって賢くありたいと思うものだ。そして誰もが失敗を恐れる。人に後れを取りたくはないし、取るに足らない人間になりたくもない。バカだと思われるのはいやだ。そんなこと、誰も望みはしない。

いや、ひょっとすると望むかもしれない。

たぶん、世界で最も利口な人たちはわれわれの知らないことを知っているのだろう。そういう人たちは、利口になるには／世界にめざましい貢献をするには／自分の人生をあっという間に変えるには、ほかの人間の目にはバカげているとしか見えないアイデアに突き動かされて行動すべきときがあると知っている。

昔から「バカ」についてはいろいろと言われている。なんでもいいから辞書を見てみよう。たいてい「バカ」とは「知恵と常識が欠けていること」などと定義されている。こういう「バカ」のことを、私は「有害なバカ」と呼んでいる。これは危険なバカだ。誰もそんなものは身につけたくないだろう。有害なバカとは、そもそも欠陥のあるものやアイデアのことで、このバカさは、永遠に染みつき、拭い去れないものだ。

新しくスマートなバカとはつまり、「健やかなバカ」のことであって、探し出し、身につけるべきものだ。簡単に捨て去ることのできない情熱的なもので、頭から離れない虫の知らせのような予感、黄金のアイデア、崇高な夢なのだが、外見が「バカみたいに」見えるせいで、あなたの人生や世界に大きな変化をもたらすかもしれないということに気づきにくい。どう見ても不完全なアイデアなのに、実行に移したくなる衝動に駆られるようなものと言ってもいい。

新しい賢さという意味のニュー・スマートは、実はそもそも「バカ」ではない。むしろ、疑念、恐怖、混乱、理解の欠如のせいで、あなたも他人も「愚か」「バカげている」「笑止千万」というレッテルを貼ってしまったにすぎない。

つまりニュー・スマートなバカとは、パラドックス（一見すると滑稽で、矛盾しているように見えるが、精査すると、根拠や真理が隠れている意見や提言のこと）なのだ。

ここではっきりさせるため、ニュー・スマートなバカと、人類学者のグラント・マクラッケンが言った「カルチャーマチック」とを比較して考えてみよう。

現代文化の革新を観察したマクラッケンは言う。「カルチャーマチックは文化を製造する小さな機械で、3つの機能を持つ。それは、世界を検証し、意味を発見し、価値を解放するという機能だ」。ハーバードビジネスレビュー誌のインタビューで、マクラッケンは次のように説明している。

今、人類が直面しているパラドックスであり、私たちがカルチャーマチックなやり方で前進すべきことは、生産的とも思われず、価値があるとも思われないものの中に、実は人類にとって非常に有益な結果を生むものが存在するということだ。

例えば、ファンタジー・フットボールというゲーム（NFLの全チームから好きな選手を選んでチームを編成し、選手たちが実際の試合で残した成績に応じて自分のチームにポイントが加算されて成績と勝敗が決まるというリアルとバーチャルが連動したゲーム）がある。3人のスポーツ記者がマンハッタンのホテルの部屋で思いついて作ったもので、今では35億ドル規模の産業に育った。記者たちはこのアイデアを考案はしたが、商標や著作権や特許は取らなかった。その結果、価値の創造プロセスに3人は参加しなかった。だが世の中とはそんなものだ。

ちょうど、誕生したばかりのころのツイッターと同じだと想像してみれば分かりやすい。人はツイッターをなんともバカバカしいとあざけった。誰もそんなものを使いたいと思わなかった。ファンタジー・フットボールも、ナショナル・フットボールリーグというものが存在するのに、なぜフットボールのバーチャルリアリティーゲームが必要なのか分からないというのが大方の反応だった。たしかにそれで十分、事足りていた。
最高にスマートであるためには、それほど価値がなさそうに見えるが、実は非常に有効なアイデアを発見し、それを実行に移すのだ。

ニュー・スマートを発見するために、次のような特徴があることを覚えておこう。

ニュー・スマートは……

- とてもクリエイティブ
- 直感に頼らない
- 革新的
- 自分の安全地帯の外にある
- 変化を起こす
- 型破り
- 恐怖をものともしない
- 理想的でない状況でも突き進む
- 批判の声に惑わされない
- 自分の理性を信じる

皮肉なことに、ニュー・スマートなバカが、世界に変化の波を起こし、成果をあげる人たちの原動力となっている。

ニュー・スマートは薄っぺらなものではない。事前の検討も準備もなしに決断したりしない。そんなのは、有害なバカと呼ぶべきものだ。ニュー・スマートな人間は、バカと書かれたラベルの下に優れたアイデアが隠れているのを見破る能力を持っている。新しいスマートさを実践するには、事前に十分に検討して準備をする必要があるうえ、やる気を萎えさせて実現をあきらめさせるような他人の意見に逆らって前進しなければならない。

バカのフィルター——チャンスは無限

バカのフィルターを通して世の中を眺め始めると、成功に至るバカバカしいアイデアがそこかしこに存在すると気づけるようになる。

ドグルス（そう、あの犬用ファッションサングラスのこと）は推定で年間３００万ドルを稼ぎ、チアペット（陶器にチアシードを植えると芽が出て、緑色に茂ると人の髪や動物になる）はクリスマスシーズンになると50万個も売れる。ロビオ社のゲーム「アングリーバード」も、２０１１年に１億６００万ドルの売上をあげたとか（プレイヤーが鳥をスリングショットで飛ばし、豚を倒すだけのあのゲームのこと）。

「バカバカしさ」をチャンスだと考えれば、大金を稼ぐことも可能だ。

現在ではセレブ御用達となっている下着「スパンクス」で会社を興したサラ・ブレイクリーは、周囲の人間からバカだと思われるもの――つまり、足部分のない体型補正パンティストッキングの開発にチャンスを見いだした。ストッキング業界に革命を起こしたこのクレイジーなアイデアで、サラは5000ドルの貯金を10億ドルに増やし、女性事業家として最年少の億万長者になった。

サラは言う。「当時、何人かの弁護士に相談したけれど、どの弁護士も頭がおかしいと思ったみたい。後から、『どっきりカメラ』が送り込んだ仕掛け人だと思ったと打ち明けられたくらいよ」

靴下工場に生産委託を打診しても、「私のアイデアはお話にならないとか、商売になるはずがないと思われていた」という。だがサラはニュー・スマートさを貫いた。もし誰かに「バカらしい」とか「売れっこない」と言われたとしても、そのとおりになるとは限らない。

サラの執念は実った。「ある工場主から電話があって、『君のクレイジーなアイデアを手伝ってもいい』って言ってきたの。気が変わった理由を尋ねてみると、工場主には娘が2人いて、私のアイデアのことを『ぜんぜん的外れなんかじゃないと2人が言った』とか」

そうして工場主の考えは根本から変わった。バカらしいと思われたアイデアが、「ニュー・スマート」に姿を変えた瞬間だ。

隙間ビジネスだからとか、あきれるほどバカバカしかったからという理由でなく、バカなことが成功に至るには、ある傾向があることが分かった。つまり、「バカなこと」はどこにでも転がっているということだ。

ニュー・スマートに至るものは、自分の愛車から、好きな有名人、それなしでは生活に支障を来すほど大事なコンピュータに至るまで、いろいろな場所に隠れている。自分の好きなファッション、よく聴く音楽、読んだ本に書いてあった斬新なアイデアの中に隠れている。日常生活のちょっとした決定や判断にも、人生を一変させるほどの大英断にも隠れている。

ただのバカなアイデアか？

ニュー・スマートなアイデアと、ニュー・スマートな人たちが世の中を変革してきた。ちょっと考えただけも、例を枚挙するのにいとまがない。

電話。当時は電報通信社だったウェスタン・ユニオン社が電話の発明を事業に活用しなかった事実が、同社の1876年の社内記録に残っている。「こんな機械に、価値などありはしない」

自動車。1903年、ミシガン・セービングス・バンクの頭取は、ヘンリー・フォードの弁護士に対し、フォードモーター社に投資しないようアドバイスした。「馬は未来永劫残るが、自動車は珍しいだけの単なる流行だ」

ラジオ。１９２０年代にメディア王デヴィッド・サーノフのラジオへの投資要請に対し、サーノフの仲間はこう答えた。「無線のオルゴールに商業価値があるとは思えない。特定の誰かに宛てたわけでもないメッセージに、金を払う人間なんていない」

人類の月面着陸。１９５７年、ラジオの先駆者で、真空管を発明したリー・ド・フォレストはこう言った。「未来にどのような科学進歩があろうと、人間の作った乗り物で月に到達することはあり得ない」

人工衛星。１９６１年、米連邦通信委員会のT・クレイブン委員長は述べた。「米国の電話、電報、テレビ、ラジオの質を高めるために通信用宇宙衛星が利用される可能性は、ほぼ皆無だろう」

トーマス・エジソン。エジソン本人がこう語っている。「それが何を意味していたのか今も分からないけれど、私はいつもクラスでビリだった。教師は私の気持ちを察してくれないし、父親は私を能無しだと思っていると考えていた。自分で自分のことを劣等生に違いないと思い込みそうになった……。ある日、教師が私のことをボンクラで、学校で勉強させても無駄だと言っているのを偶然聞いてしまったから」

ウォルト・ディズニー。彼は次のような理由で新聞社をクビになった。「想像力に欠けるし、いいアイデアもまるでない」

エルヴィス・プレスリー。キング・オブ・ロックンロールと呼ばれたエルヴィスは、たった一度の出演でラジオ番組をお払い箱になった。「君はモノにならないな。トラック運転手の仕事に戻ったほうがいい」

　こうした革新的な発明や人物が、経済、私たちの生活、世界観を一変させる原動力になった。新しい賢さによって、画期的な新産業を生み、その結果、膨大な数の人が職を得た。ニュー・スマートへと歩みを進めていく人たちは、「バカ」と書かれた帽子をかぶらされても、果敢に世の中を変革していく人たちなのだ。

　バカのフィルターを通してあれこれ見てみると、最後まで心に引っかかって残るアイデアはたいてい、過去に「バカバカしい」と、誰かにどこかで決めつけられたものだ。だが世界的に知られる成功物語の主人公たちは、バカなアイデアをそのままで終わらせたりしなかった。ならば、あなたもそれを見習おう。

持って生まれた感性

「有害なバカ」と「ニュー・スマートなバカ」とを見分けるには、事前の十分な検討、評価、調査が必要だが、ほかにも見落としやすいのが、進むべき方向を察知する自分自身の天性の勘を信じる気持ちだ。

天性の方向感覚は、生まれつきの感性だと言ってもいいのだが、具体的にどういうものかを説明するのは、岸に寄せる波をつかまえるのと同じくらい難しい。

ベストセラー作家で、ゼネラル・エレクトリック社の元ＣＥＯでもあるジャック・ウェルチは、信頼についてこう語ったことがある。「辞書に載っている意味を教えてあげることはできるが、自分で感じたときにこそ、その意味が分かるものだ」

信頼に関するウェルチの定義にならえば、あなたの生来の感性は、自分で感じて初めて、本当に理解できるものだ。

新しいスマートさは簡単には理解しにくく、従来型の思考法とは大なり小なり対立する。だがそれを行き詰まりの言い訳にしてはいけない。中傷の声の音量をしぼり、自分の生来の感性にチャンネルを合わせよう。

クリエイティブ・パズル――生まれ持った感性と情熱の対立

今、あなたがジグソーパズルをやろうとしているとする。箱からパズルのピースを全部取り出して１つずつ並べて絵を完成させる、途方もなく手間のかかる遊びに取りかかるところだ。

絵の外枠にあたるピースを探し出すのはわりと簡単で、全体でどのくらいの大きさの絵になるかを知るのにもさほど苦労しない。次は、外枠の中をピースで埋めていく。場所によっては楽にピースが埋まっていくが、別の場所ではどのピースがどこにおさまるのか、頭を壁に打ちつけたくなるほど分からない。だが目の前にあるピースを1つずつはめこんでいく以外にパズルを完成させる方法はないと分かっているから、あきらめずに続ける。

ニュー・スマートなバカの追求とは、こういうゲームをするということだ。私はこれをクリエイティブ・パズルと名づけた。アイデアを形ある何かに変えるには、パズルのピースをつなぎ合わせなければならない。

アイデアを思いついたときの最初の情熱や意気込みはたいへん重要で、これは、ちょうどジグソーパズルの外枠のピースを見つけて並べる作業のようなものだ。が、誰かの中傷の言葉（それが真実であろうと、勝手な思い込みであろうと、善意からであろうと、敵対心からであろうと）があなたの耳に届き、間違いないと思ったアイデアに難癖がつけられたら、あなたの気持ちが揺らがないようにクサビを打って支えてくれるのはあなたの生来の感性なのだ。

方向が定まったと得心できるのは、目の前にパズルのピースが全部そろったと感性によって確信できるからで、その次は、すべてを落ち着くべき場所にはめこむ方法を考えればいいだけだ。

生来の感性が、複雑な外的事情さえ克服する強い信念、知恵、進むべき方向に向けて進むパワーを増幅してくれる。情熱は重要で、アイデアを発展させるはずみをつけるものだが、情熱は本来、表面的で感情的なもの。不思議の国のアリスのように、あなたが「有害なバカ」というウサギの穴にまっさかさまに落ち込んでしまえば、どんなに強い情熱をもってしても、あなたを救い出すことはできない。

結局、アイデアを完成させるまでの長い時間（そして厳しい試練）に耐えるには、そのアイデアに強い確信を持っていなくてはならないのだ。

どこでも始める、今すぐ始める

アイデアを実現するパワーの原動力は、スタートしようとする意欲だ。ギャビンの法則「スタートするために生きる。生きるためにスタートする」を思い出そう。夢をスタートさせるために生きる人や組織は、その夢に生きること、夢に命を吹き込むことを始めよう。

本書の原書のタイトルが単なる『バカのパワー（*The Power of Stupid*）』（しばらくの間はこの題名もなかなかいいとは思っていたが）ではなく『バカなことを始める勇気（*The Power of Starting something Stupid*）』であることに、実を言うと大きな意味がある。どんなプロジェクトにおいても、最大の挑戦課題はスタートを切るための初動エネルギー、そして勇気である。心身両面を消耗しかねない抵抗勢力を押さえ込みさえすれば、次から次へと先に進んでいく推進力が働き、やがては目標に（あるいはせめて今よりマシな何かに）到達する。

あの「古着ジーンズの奇跡」が、スタートを切ることに真のパワーが隠れていることを示す好例だ。クレイへのインタビューの最後にこんな話が聞けた。

普通、成功のある部分は、それにふさわしい時と場所に恵まれるという運に左右されるけれど、僕たちの場合、自分自身の決断と行動が成功のかなりの部分を占めていた。例えば、日本の若者が何百ドルもの大金をジーンズに払うことに驚いて話題にしていた人はかなりたくさんいたけれど、その中で実際に行動に出る人はいなかった。僕たちはアメリカに戻って行動を起こしたし、大胆な決断をためらうことなく何度も下してきた。

今振り返ると、「とにかく実行に移した」自分たちの行動力に我ながら驚くよ。勤めを辞めて、家族と一緒に外国に住み、あちこちの町や都市を訪れ、言葉も分からないのにヨーロッパで販売網を作ったのだから。

ただ、重要なのは、それを自分たちでやったということだ。決断に迫られるたび、手に入る限りの情報を全部使って最善の決定を下し、さらに先へと進んできた。

私たちは、本当はそうではないアイデアに「バカなアイデア」という、間違ったレッテルを貼ることで、どれほど多くのアイデア、チャンス、ビジネス、人生をムダにしているだろうか。誰だってできるかぎり最善の決断をしながら人生を生きたいと思っているはずだが、バカバカしさを恐れて人生を無にしないでほしい。

チャンスはやって来るが、去っていく。あなたがチャンスを活かさなければ、あなたの人生もただ過ぎ去っていくだけだ。

事業の成功の陰には、かならず勇敢に決断している人がいる。

――ピーター・ドラッカー

3 絶対に避けたいこと

待つだけの人生

「いつか時間ができたらやりたいことを全部をやろう」などという、ごまかしと嘘の未来計画を立ててばかりで、大事なものをやり過ごさないでほしい。その代わり、たった今自分がしている旅に楽しみを見いだそう。

――トーマス・S・モンソン（キリスト教会の指導者・著者）

24歳のとき、私は大学を卒業したてで無一文に等しく、しかも新婚だった。当時、ある投資銀行家のもとへ、自分のバカバカしいアイデアを売り込みに行ったことがある。相手は、すでに何度も成功を収めた億万長者だ。

その人は、私の事業計画に熱心に耳を傾けてくれた。私の説明が終わると、姿勢を変えて椅子の背に深くもたれてから、私を見ていると大学時代の自分を思い出すと言った。ノスタルジーに浸りながら、そのころがどんなに興奮にあふれ、満ち足りた毎日だったかを私に語りはじめた。当時の自分は、私のように行動的で、陽気で、情熱的で、希望いっぱいだった、そのころの自分は夢見たとおりの生き方をしていた――という。

それからゆっくりと首を横に振り、後悔の念をにじませて、自分は私と同年齢のあのころの生活にいつか必ず戻ると心に誓いながら人生を送ってきたと言った。一文無しの24歳の人生に、いつか戻ることを願っていたと……。

私の目の前にいたのは、人生の一時停止ボタンを押して生きてきた男だった。その人は「それなりの地位を得て」「お金を貯めた」ら、自分が本当に送りたいとずっと心から望んでいた人生を送るという夢を実現しようと決めて、何十年もの間、自分の幸福や夢を棚上げして生きてきたのだ。人生の時間の大半が過ぎてしまった今も、まだ本当の人生を生きる日を待っている男がそこにはいた。

私はこの投資銀行家に出会うまで、成功したい、世間一般でいういい暮らしができる財力がほしい、世の中に名が知られるようになりたいとずっと思っていた（今もまだ思っている）。でも長年の後悔の念が深く刻まれた銀行家の顔を見て、自分が目指しているのはこれなのだろうか、と疑問が浮かんだ。自分の求める成功はこういうことなのか？　もし私が忙しさに埋没し、ものごとを先延ばしし、待ってばかりいたら、私の人生は後悔で終わるに違いない。

その瞬間、私は決めた。人生を犠牲にしてまで「成功」を求めない、と。人生の成功と本物の満足の両方を自分は得たい、と。

これからの40年間、ただ我慢した挙句に、「さあ、今から本当の人生を生きよう」なんて言いたくはなかったのだ。

活動の罠

テレビ番組の録画サービス「ティーボ（TiVo）」の創業者の一人で、起業家として成功し、ベンチャーキャピタルのクライナー・パーキンス・コーフィールド・アンド・バイヤーズのパートナーとなったランディ・コミサーが書いたおもしろい本がある。タイトルは『ランディ・コミサー――あるバーチャルCEOからの手紙』（ダイヤモンド社）。同書の中でコミサーは「先延ばし人生設計」というものについて話している。

彼によると、「先延ばし人生設計」の思想を取り入れて生きると、人生は2つに区分される（2つのステップに分かれる）という。「ステップ1で、自分がしなくてはならないことをする。その後、いつかはステップ2に至る。そこでは自分がしたいことをする」。こういう思考法には恐ろしいリスクがある。

コミサーによれば「早く金持ちになることがステップ1を終わらせる最速の道だ」と人は考えるという。つまり（自分がしなければならないことをして）懐を肥やせば、ステップ2に早く進める。ステップ2にたどり着けば、やっと「自分がしたいことができるようになる」というわけだ。一見、この考え方には何の問題もなさそうに思われる。だが、果たしてそうだろうか？

先延ばし人生設計には危険な欠陥があり、そのことはスティーブン・R・コヴィー博士が比喩として言っている。私の好きな比喩だ。「人生を慌ただしく生きていると、活動の罠というものに驚くほど簡単にはまってしまう。成功のハシゴを上へ登ろうと必死に働き続けるのだが、後になって、自分が間違った壁にハシゴをかけていたことに気づく」

この教訓の言わんとすることは明快だ。本当に正しい壁にハシゴをかけなさい、ということだ。ハシゴを登りはじめる前に、自分が何を目指しているのかを正確に理解しておくこと（コヴィーの簡潔な言葉によれば「終わりを頭に入れて、何かを始めること」だ）。

先延ばし人生設計に隠れている本当の危険は、コミサーによれば「大半の人は金持ちにはなれない。……ラッキーな勝者はステップ2に進むことができるが、そこに進んではじめて気づくのは、自分には目標もなければ進むべき方向もなかったということだ」

先延ばし人生設計を選んだ憐れむべき人たちは、「活動の罠」に陥る運命にある。絶えず行動はしているのだが、何かを達成することは絶対にない。彼らは何がなんでも早くステップ2（「自分がしたいことをする」段階）に進もうと思っているので、少し立ち止まって自分のハシゴが正しい壁に立てかけてあるかを確認する時間を取ろうとしないのだ。富を追うあまり、幸福を追えなくなってはならない。

定年退職に対するカン違い、計画的な先延ばし

私は金融サービス会社の社長として、定年退職者や退職者夫婦の納税猶予年金のコンサルタン

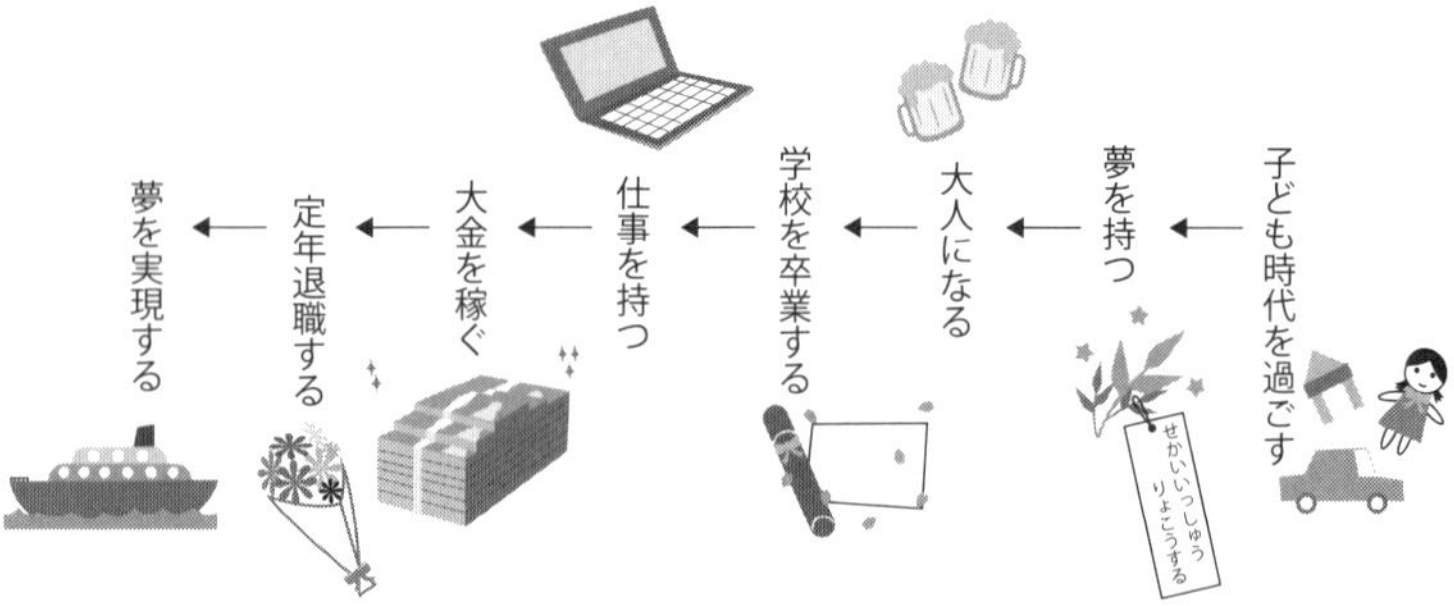

トをしていたことがある。人は、定年後しばらくたってから、自分が納税時期を遅らせただけでなく、人生そのものも先延ばししてきたことに気づきはじめる。

悲惨なことに、そういう人たちの多くは待つのが得策だと信じ切って生きてきた。「もっとお金が貯まったら、そのときこそ×××をやろう」とか、「定年になったら、〇〇〇ができる」というように。

当時よく耳にした言葉がこれだ。「65歳になったら……いや、うまくいけばもう少し早く、のんびり旅行するとか、慈善団体に寄付するとか、家族ともっと一緒に過ごすとか、大事なことにも時間を使えるようになるはず。いままでそのために夢を後回しにして働き続けてきたわけだけれど、とうとう夢に見た生き方ができるんだ」

これが「定年退職の思い違い」だ。人は、お金を貯めることの大切さと夢の追求を後回しにすることを混同してしまう。

私がインタビューをした人の多くが、上の図のような人生設計に従って生きていた。

彼らはみな、何かの準備をして生きている。懸命に働いて、時間と労力を費やす。そして待ちに待った定年後の生活が、実は夢見ていた虹色の生活ではなかったと知る。

人によっては、伴侶に先立たれてしまうかもしれない。あるいは自分の健康に不安が出てくる場合もある。期待に反して株式市場が暴落し、手にするはずだった年金を失うこともある（ほかにも予想外の展開はいくらでもあるだろう）。

彼らのように、善良で、実直で、我慢強く、ひたむきな人たちが、持てる時間や労力や貯金をすべて沈みかけた船に注ぎ込んでしまう。貴重な財産が海の底に沈んでしまったら、取り返しがつかない。悲劇は財産を失うことだけではない。40年間も先延ばしにしてきた夢も失われるのだ。待ち続けた年月は永遠に返ってこない。

退職計画そのものが悪いわけではない。ただ、あまりに行き過ぎているのだ。悲しいことに、退職計画が先延ばし計画そのものになってしまっている例が多い。

過去の歴史と最近の傾向

1800年代末、ドイツやアメリカなどの企業が社員の生活を支援するために年金制度を導入しはじめた。多くの場合、年金の支払いに制限が設けられ、企業や政府の決めた特別な条件（年齢が65歳以上など）を満たす人だけが年金を受け取った。企業や政府の言い分はこうだ。「今日言うとおりに働けば、明日お金をやろう」

年金制度が定着してから100年以上が過ぎたが、その間に何世代かの人たちが、65歳かそれ以上の年齢になるまで自分の夢を先延ばしすることを奨励され続けた。会社の幹部や政府や年金基金の「定年後の生活はもっと良くなるぞ」という約束を真に受け、夢を手の中で握りつぶして、窓から投げ捨ててしまった。定年になればどこかから風が吹き、あの夢を送り返してくれるだろうと願いながら。

働くのをやめて退職できること自体、すばらしい。しかし年金制度には思わぬ罠がある。それは将来に備えて貯蓄や投資の計画を立てられる点はいいのだが、夢の実現までも将来にとっておくという過ちを犯してしまう点だ。お金はとっておこう。だが夢をとっておいてはいけない。

ベストセラー『なぜ、週4時間働くだけでお金持ちになれるのか?』（青志社）の中で著者ティム・フェリスが示唆に富む問いかけをしている。「定年退職が自分で選べる選択肢でなかったら、われわれはどんな決断をするだろう?」

例えば、定年退職というものがそもそも存在しなかったとしよう。あなたは働いて、働いて、まだ働いて、そして死を迎える。もしこれが現実だったら、今、あなたの頭と心の奥にある夢やアイデアを実行に移すまで30年も40年も待ったりするだろうか。本当に生きたいと思う人生をスタートさせるのに、30年も40年も待ちたいだろうか。

現在、定年退職に関するカン違いのせいで、自分が生きている間に本当にやりたいことは60歳になるまで待たなければできないと、20代の人までもが信じ込んでいる!!!!!（そう、びっくりマークが5つは必要だ)。これはどういうことだろうか? まったくバカバカしすぎて意味不明だ。だが定年退職の心理の罠にはまった人たちの話を聞いてから、私は自分の周囲に警告を発しなければならないと思うようになった。こんな考え方は危険だ、この罠にあなたもひっかかる可能性がある、と。

知っておくべき原則

ルール1:将来に備える金と投資=良いこと
ルール2:将来まで夢(バカなアイデア)に手をつけない=悪いこと

「本当は」自分は何をしたいのか?

自分の人生計画や頭の中にあるバカバカしいアイデアについて考え、これからの人生、自分が本当は何がしたいのかを自問してみよう。

生きている間にどうしてもやりたい何かが心の底からフツフツと湧いてこないか? もし、誰かがあなたの先を越してそれをやってしまったら、あなたはどう思う? 自分に問いかけてほしい。誰かがあなたを出し抜いてそのアイデアを具体化したら、どんな気持ちがするだろう? やりたいことを実行する時間など永遠にやって来なかったら……?

あなたにそんな目に遭ってほしくはない。人から「バカバカしい」とか「今は時期が悪い」と言われたアイデアが、実は千載一遇のチャンスかもしれない。アイデアを実行するかどうかはあなた自身の責任だ。自分が実行してみたいアイデアを進める決心がつき、それが揺るぎない決心なら、次のような言葉は二度と言わずに済むだろう。

「いつか、必ずやるぞ」
「たぶん、いつかやる」
「やりたいけれど、今はできないな。だって○○○だから」

こんなのは、目標を達成できない敗者や、後悔ばかりしているグチこぼし屋のセリフだ。いつになったら実行に移せるだろうと思いめぐらすよりも、たった今、すぐに行動すると決心しよう。待っているうちに道を見失わないこと。後悔の人生にしないこと。自分や他人の人生をガラッと変えてしまうような、またとないチャンスを逃さないこと。

エイブラハム・リンカーンが言ったとされる、胸に響くすばらしい言葉がある。
「待っている人にもいいことは起こるかもしれないが、それは努力した人たちの残り物でしかない」

人は、待つことによって、人生の時間をどれほど失っているのだろう。

――ラルフ・ワルド・エマーソン（アメリカの思想家・詩人）

生きるということは、本当の人生を始めることだとずっと思っていた。だが、いつもその邪魔をする何かが出現する。優先して処理しなければならないこと、完了していない仕事、何かに使わなければならない時間、返済しなければならない借金などだ。その後で、人生が始まると思っていた。だが、ようやく分かったのは、そういう障害こそ自分の人生そのものなのだ。

――アルフレッド・ディスーザ（オーストラリアの作家・写真家）

死ぬ間際に、本当の人生を生きてこなかったと気づくことのないように。

――ヘンリー・デイヴィッド・ソロー（アメリカの随筆家。『森の生活』著者）

自分の人生と仕事、この2つを混同してはならない。仕事は人生の一部にすぎない。ポール・ソンガス上院議員が、自分がガンに犯されたと知って次の選挙には出馬しないと決めたとき、友人が送った言葉を忘れてはならない。
「死の床で、もっと仕事場にいる時間が欲しかったなどという人はいない」

——アンナ・クィンドレン（ピューリッツァー賞受賞作家）

じゃあ、われわれは何をすればいいのだろうか。
何でもするのだ。何かをするのだ。ただじっと座って待っていないこと。
失敗したら、またやり直すだけ。別の何かをまた試せばいい。
先行きの不安が全部払拭されるまで待っていたら、もう遅すぎるかもしれない。

——リー・アイアコッカ

Ⅱ章 バカなアイデアの見つけ方

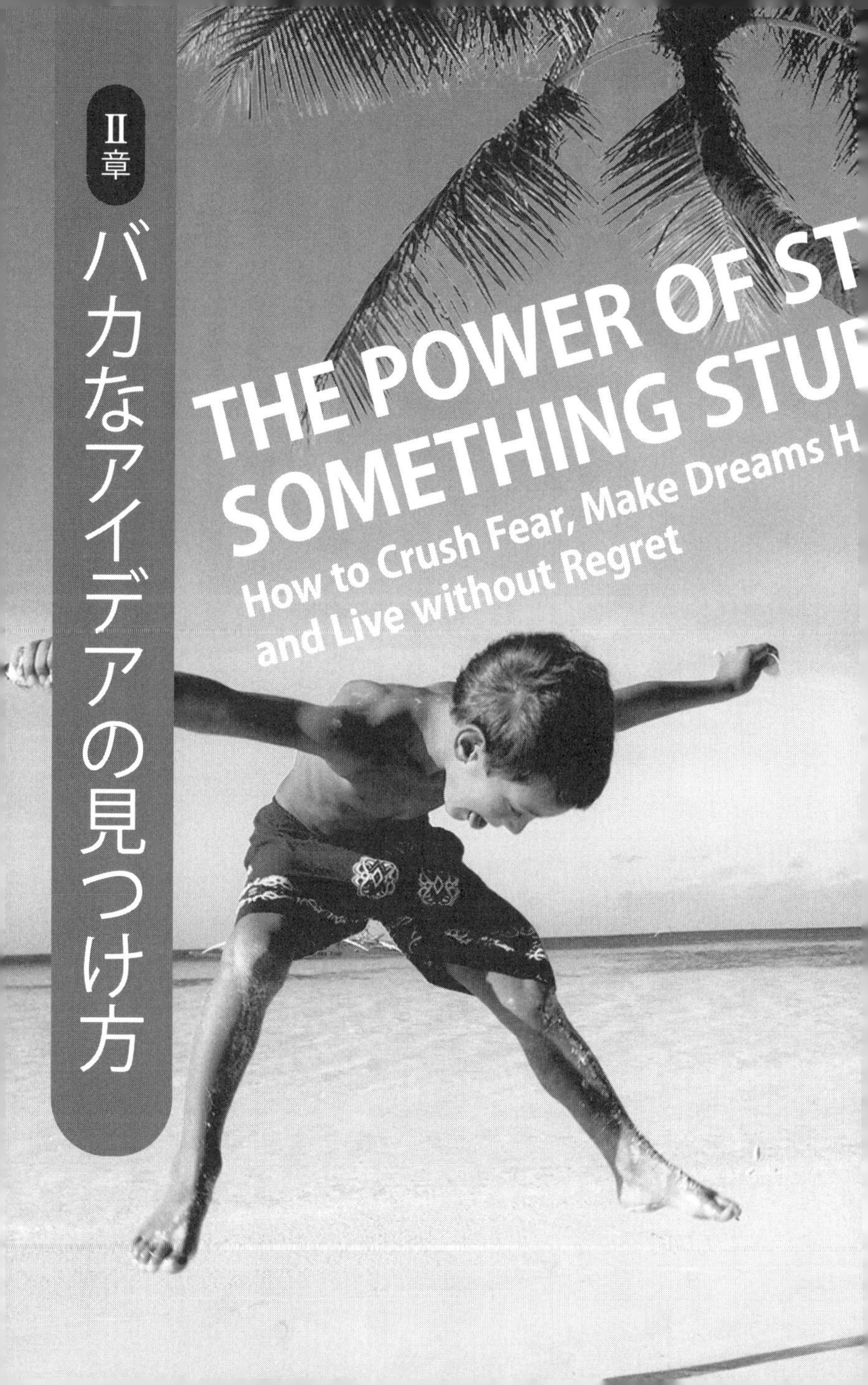

4 ベゾスはいつアマゾンを始めたか

あたかも1万年も生きるかのように行動するなかれ。

――マルクス・アウレリウス（ローマ皇帝）

ジェフは安定した高給の仕事に就いていた。仕事そのものも楽しかった。世間の尺度から見れば何もかもを手に入れたと言える。そう、何もかもだ。つまり、えらくバカバカしいアイデアも。ある日、ジェフは自分に問いかけた。「80歳になったとき、ウォールストリートを離れることに未練を感じるだろうか？」

次にもっと具体的な自分の夢に関して自問してみた。「このインターネット黎明期に自分が何かできるというチャンスを逃したら、後で悔やむだろうか？」

自分のとっぴなアイデアの魅力と、自分の今の立場を比べてみたところ、答えは明白だった。とにかく船に飛び乗らずにはいられなかった。ジェフは両親から借金し、妻と一緒に車に飛び乗ってニューヨークからシアトルへ行き、自宅のガレージでウェブサイトを立ち上げた。こうしてアマゾン・ドットコム（amazon.com）は誕生した。これがジェフ・ベゾスの物語だ。

読者の何人かは、きっとこう思っただろう。「説得力ないね。どこからどう見たって、アマゾンがバカバカしいアイデアだなんて思うやつはいない」

たしかに今の市場を見れば、アマゾンと「バカバカしいアイデア」は似ても似つかない、かけ離れたものだ。比較するほうがどうかしている。だが1990年代半ば当時のインターネットは今とはまったく異なる様相をしていた。インターネットの良さを認める人は少なく、電子取引は信用されていなかった。

1990年代、ベゾスのアイデアは独創的で革新的だった。ベゾス自身さえ「クレイジー」なアイデアだったと言うほどだ。時代を考えれば、ベゾスのアイデアはあらゆる点からニュー・スマートな「バカバカしさ」の基準を満たしていた。

あるインタビューで、ベゾスはこう答えている。

上司のもとへ行って、こう話した。「ええっと、実は、クレイジーなアイデアを実現しようと思っています。本をネットで売る会社を作るつもりです」。上司にはこれに似た話を以前、もっとおおまかにだが、話したことがあった。上司は、「ちょっと散歩でもしよう」と答え、2人でニューヨークのセントラルパークを2時間ほど歩いたあと、「そうだな、たしかにとてもいいアイデアだと思う。ただ、君みたいにいい仕事に就いている人間がやることではないんじゃないか」と言った。

お気づきだろうか。ベゾスにはすばらしいアイデアがあった。上司もそれを認めている。だがベゾスのようないい職に就いていない誰かがやるべきだ、と言われたのだ。ときに、バカなのはアイデアそのものではなく、**このタイミングだからこそ**バカなアイデアたり得る場合がある。ベゾスがアマゾン・ドットコムをスタートさせたときの行動から、すばらしい教訓が学べる。

80歳になった自分を思い浮かべて、「そのとき、自分は何を思うだろう」と想像するのだ。そうすると日常のゴタゴタから自分を切り離すことができる。その年の半ば、結局、僕はウォールストリートの会社を辞めた。つまり毎年もらっていたボーナスがなくなるということだ。たちまち生活は苦しくなるだろう。でも長い目で見れば、後悔しない人生のためのいい決断ができた。

ベゾスが、アマゾンを始めるのをバカではなくなる時期（「いい職に就いている」状態ではなくなるとき）まで待っていたら、どうだったろうか。電子取引というものが猛スピードで成長したことを考えれば、きっと市場の川は干上がり、その流れに乗せて本１冊を売るタイミングさえ逃していただろう。

だがベゾスは実際に「クレイジーなこと」に乗り出し、生きた伝説になり、１９９９年のタイム誌の「パーソン・オブ・ザ・イヤー（今年の人）」に選ばれて表紙を飾った。ジェフ・ベゾスは自分のアイデアを実行に移すに十分なクレイジーさを持ち合わせていた。だから世界をガラッと変えることができたのだ。

スタートすべきでない場合

私は講演会や個人相手のコンサルティングをしながら「バカの原則」と呼ぶものを教えている。そういう場でよく出る質問がある。「アイデアはたくさんあるんです。ただ、もし間違ったアイデアを選んでしまったら、どうすればいいでしょう」

要注意。この質問をする人は、分析のマヒという泥沼状態にはまっている。こういうマヒ状態は、ほかのどんな妨害要因を合わせたより、優れたアイデアの息の根を止めてしまう！

恐怖や決断力の欠如に想像力を押さえ込まれてはダメだ。いったん押さえ込まれたら、跳ね返すのは容易ではない。恐怖や優柔不断は、いつだってあなたの歩みを邪魔し、今いる場所から前進できなくしてしまう。すばらしくバカげたアイデアがいくつあったとしても、実行に移さなければ何にもならない。

たくさんのアイデアがあってどこから手をつけていいか迷うときに、つい考えてしまうことがある。「とりあえず全部やってみて、どれがうまくいくか様子を見よう」。だがまたすぐに気が変わり、「いやいや、焦点をしぼらなくてはダメだ。的をしぼることは大切だ！」などと考える。そして思考と行動という対立する2つの間でフリーズしてしまい、結局は何も実行できない。

要は、こういうことだ。自分はスタートさせるべきアイデアを選び間違えているのではと不安になるということは、スタートを切る自分を自分で阻んでいるということだ。反対に、バカげたアイデアを全部一度に実行に移せば、当然、時間と労力と資金を無駄に使うことになる（それに、途中で気がおかしくなるのも必至）。そして、どれほど的をしぼったところで、間違った活動にレーザー光線で焦点をしぼっていたら、レーザーが成功の可能性にまで穴を開けてしまう。

どこからスタートするかをピンポイントでしぼるには、混沌と混乱の中を突っ切るように進むことだ。「バカの方程式」と私が呼ぶものをよく理解し、スタートしてほしい。

もし未来に行くことができ、自分がどんなヘマをするかを見て、未来を変えるため現在に戻って何か手が打てるとしたら、これほどすばらしいことはない。実は、それが可能なのだ。

後悔が予測できるなら、頭の中で未来にタイムトラベルしているのと同じだ。頭の中でうまくタイムトラベルできるようになれば、今日どう行動するかによって意識的に未来を変えることができる。

ベゾスのテスト——80歳になったとき、後悔するだろうか

問題1　どうしても頭から離れない考えやアイデアがあるか？

ずっと前からやりたいと思いながら、いつか時間ができたらやろうと思っていることがあるだろうか。それは何だろう。やりたくて仕方ないアイデアが心の奥にあるのだが、何かの理由で（時間が足りない、今の能力では不十分だ、お金が足りない、自分とは違う境遇にいる人ならやってもいいアイデアだ）、実行するのをあきらめてはいないだろうか。

5～10分ほど時間をとって、頭の中にあるそういう考えやアイデアをできるだけ多く書き出してみよう（この問題1は、自分宛てのEメール形式で回答して、後から検索したり、書いた日付を確認したりできるようにしておく）。

人によって、回答は短くも長くもなるだろう。回答方法に特別なルールはない。自分の好きな方法で回答すればいい。箇条書きで100個以上書き出す人もいるだろうし、自分が大事だと思うことはたった1つだという人もいるだろう。

（回答）

次に、自分が80歳の誕生日を迎えたところを想像しよう。あなたは玄関ポーチに置かれたロッキングチェアでくつろぎ、今作ったばかりのリストを引っ張り出して、これまでの歳月をふり返っているところだ。

リストに書かれた項目のどれひとつ、自分が実行しなかったことに気づく。そこには、実行していなくてもかまわない項目も、後悔しない項目もある。なかには、読み返すと失笑せざるを得ない項目もある。だが、もし自分に挑戦する勇気さえあれば、自分も（家族も）手にしていたはずの喜びや達成感を想像して、胸がしめつけられるさびしさや後悔をおぼえる項目もある。

問題2　リストを見てみよう。自分はどの項目を実行しなかったことに後悔するだろうか。

こうすれば、リスト上の項目を大幅にしぼることができる。

（回答）

問題3　残る人生が短いと分かり、リストの中から3つか4つの項目を除き、残りはあきらめなければならないとする。残す項目はどれだろう。さらに項目が減るので、人生で自分がいちばん大事だと思うものだけが残る。

問題4　残る項目を重要なものからそうでないものへと、優先順位をつけよう。どういう順番になるだろう。

1.
2.
3.
4.

おめでとう！　これで最初に重点を置くべきバカげたアイデアがどれなのかが分かった。

その他のヒントとコツ

どうしたらいいかわからない？　それとも、自分が最善のアイデアを選んだかどうかちょっと不安？

誰でも自分の選択に不安をおぼえることはある。ずっとやりたかったことをやってもいいなんて、未体験のゾーンだ。適応するまでに多少時間がかかるのは仕方ない。

だが、間違った結論を出すことを恐れるあまり、何も決められなくなってはダメだ。心を落ち着け、集中して、自分の直感を信じること。すぐに確信が持てなくても、自分を責めないこと。これは必要なプロセスだが、時に時間のかかるプロセスなのだ。

不安と優柔不断から抜け出せなくても、心配ご無用。自分の内面を見つめ、リスト上の項目をもっとしぼり込むのに役立つ質問を2つ、お教えしよう。

①このアイデアが自分の人生最後のアイデアだとする。このアイデアを実行した自分を人に覚えておいてもらえたら、あなたは誇りに思うだろうか。

②複数のアイデアの中から1つ選べと銃を突きつけられて脅されたら、どれを選ぶだろうか。

この2つの質問は、厳しい選択を迫っている。優柔不断ではいられなくなる。真剣に答えれば、あなたにとって最善のアイデアが自ずと明らかになる。どのプロジェクトがあなたにとって最重要か、自信を持って決められる。

あなたのバカげたアイデアは、人生の最後を夢のような幸福で飾ってくれるかもしれないし、そうではないかもしれない。それはそれでいい。この2つの質問は、どんな体型にもフィットするフリーサイズの服みたいに問題を解決してくれるようなものではない。ただ、何かを始めるきっかけを与えるだけだ。

これからのあなたの人生には、その時その時の状況に重要な意味を与え、その状況に符合するようなアイデアがいくつも生まれるだろう。その中から大事なアイデアを選ぶときにどういう自問をするにしても、あなたの選択の基盤となる考え方はいつも同じだ。

例えば今、あなたの会社がある目標を達成するのに役立ちそうなバカげたアイデアを、あなたが持っているとしよう。それなら、こう自問しよう。「期限までにうちの会社が目標に到達できないとする。その場合、自分のアイデアを周囲に伝えなかったこと、実行に移さなかったことを自分は後悔するだろうか。何かを変えられたかもしれない、と悔やむだろうか。生涯に一度しか出会えないような仕事のチャンスを逃すのではないか」

あるいは、今あなたにはバカバカしいアイデアがある。もしかしたら、それがあなたの住む地域に貢献するかもしれない。それならこう自問しよう。「この問題が来年になっても解決しないと、この地域にとんでもない事態が起こる（または何の変化も起きない）かもしれない。このアイデアを誰にも話さなかったことを、自分は後悔するだろうか」

こうやって、自分の家族、人生、健康についても、同じように自問をすることができる。重要なのは、ベゾスのテストの前提を変え、その時その時の自分の状況に応じた質問をすることだ。ニュアンスを少し変えるだけで、あなたの思考プロセスが大きく変わるかもしれない。

ベゾスのテストの効き目

ある日の午後、友人のジェイスが車でわが家にやって来たのだが、私の7歳の息子が出しっぱなしにしておいたロングボードのスケボーに車を乗り上げ、壊してしまった。ジェイスは何度も謝り、私は気にしないでくれと答えた。大したことではないし、そもそも車の通り道に置きっぱなしにしていた息子が悪いのだ。

だが数日後、ジェイスは新品の手作りスケボーを持ってわが家に来て、壊れたボードから車輪をはずし、新しいのに取りつけた。ジェイスはうれしさと満足感で顔を輝かせながら、ボード作りがものすごく楽しかったと言う。作業だけでなく体を動かすのも楽しかったようだ。「ひょっとして、スケボー会社を作ったらいいかもな」。ジェイスが言った。だが、次の3つの理由からそんなのはバカバカしいアイデアだとも言った。

①ジェイス自身はスケボーをやらない。
②スケートボードの業界について、まったくの素人だ。
③夢に投資する資金がぜんぜんない。

しかしボード作りの楽しさにはまったジェイスは、このアイデアをあきらめるのも惜しかったのだろう。2、3日のうちに自宅のガレージを作業場にし、カスタムメイドのスケボー板作りにいそしむようになった。ただしあくまでも趣味の範囲で、多少売れたらいいくらいに思っていた。

ちょうどそのころ、ジェイスの勤め先の顧客がアジアからハワイに移り住んだばかりで、ある日、ジェイスの自宅を訪ねてきた。ジェイスはちょうど例のにわか作りのスケボー工場で作業しているところだった。その客がジェイスに言った。「どうして大量生産に打って出ないんだ？　仕事のコネがあるから、パートナーにしてくれたら手伝うよ」

ジェイスは単なる内職を本格的なビジネスにすべきかどうか確信が持てなかった。それにほかにも重い責任を負ってもいた（その1つは、8歳を筆頭に5人の子どもを育てることだ）。

ジェイスから相談を受けた私は、ベゾスのテストの話をした。この考え方でいけば、何を選択すべきかは明白だった。ジェイスは80歳になったとき、スケボー会社に時間を注がなかったことをきっと後悔すると確信した。

ジェイスはその後も昼間の本業は続け、夕方と夜はガレージでボードの仕上げに集中した。

そしてあの顧客をパートナーに迎え、2人でボードの大量生産についてメーカーとの交渉を開始した。それから1年もしないうちにジェイスボードは大当たりし、世界各国に出荷し、大手ディスカウントチェーンのコストコにも卸すようになった。

バカげた過ちとバカげたアイデアが新会社を誕生させたばかりでなく、ジェイスはほかでは得がたいビジネスパートナー兼友人も手に入れた。今は、前以上に充実した目的ある日々を生きている。私は、ジェイスと知り合ってかれこれ10年近くになるが、ジェイスボードの事業を始めた今ほど輝いている彼を見たことがない。

あなたもやろう!

ベゾスのテストは、あなたの人生のどんな側面にも応用可能だ。仕事を見つけたいとき、キャリアを積もうというとき、お金をもっと稼ぎたいとき、結婚して家族を作ろうというとき、健康や体調に注意したいとき、起業しようというとき、会社で新プロジェクトのリーダーになったとき、学歴をつけようとするとき、などなど。どんな内容にも同じ方程式が使える。

重要なのは、どのアイデアが自分の人生の中核にある価値観に最もしっくりくるかを考えること。その後はただスタートすればいい。バカげたアイデアには人生を変えるパワーがある。あなたの人生も、バカげたアイデアで変えない手はない。

大事なのは批評家ではない。あの猛者もあそこでつまずいただとか、何かの成功者のことを、もっといいやり方があっただとか、そういう指摘をする人たちではない。称賛されるべきは、行動に出て顔を泥と汗と血で汚した人たち、懸命に奮闘した人たち、どんな努力にもつきものの過ちや失敗をくり返してもなかなか成功に至らなかった人たち、だが、実際に努力を尽くした人たち。偉大な情熱と偉大な献身とは何かを知っている人たち、大義のために自分を賭すことのできる人たち、最後に成功に至ったときの喜びを知る人たち、最悪なことに失敗してしまったが、果敢に挑戦した結果、勝利も敗北も知らずに冷めきった臆病な心を持つ者にはけっしてたどり着けない場所に到達した人たちだ。

――セオドア・ルーズベルト

ビジネスに関連してよく出る質問は、「なぜ?」である。いい質問だけれど、これと同様に有益な質問がある。それは「なぜ、そうでないのか」だ。

——ジェフ・ベゾス

最初はバカげたアイデアだと思わなかったのに、しばらくすると望み薄なアイデアに思われてくる。

——アルバート・アインシュタイン

5 時間なし、資金なし、学歴なしは言い訳にならない

自分の手の中にあるものを使って、自分のいる場所で、自分にできることをしなさい。

——セオドア・ルーズベルト

「事業資金なんてなかった。政府の補助金もなし。コネだってない。チームの誰一人、修士号や博士号はおろか、大学教育も受けていなかった」。つまり、成功に必要なものは皆無だった。

2人を信じる人も皆無で、実際に「クレイジーなバカ2人」呼ばわりされていた。ノースカロライナ州キティーホークの海岸でカモメの飛ぶ姿を真似る2人を見て、ライフガードが実際にそう言ったそうだ。

「村じゅうの笑い物でした」と、村の住人も述懐する。けれども、2人——オーヴィル・ライトとウィルバー・ライトは、人が半信半疑だろうが、人から軽蔑されようが、どうでもよかった。

新聞記者の問いに、ライト兄弟はこう答えている。「人からペテン師と呼ばれても、頭がおかしいと言われてもかまわない。気にも留めない。僕たちには自分たちのやっていることの意味が分かっているから」

オーヴィルとウィルバーは、勝算さえ眼中になく、何としても飛行機を作るという強い決意だけで動いていた。目的達成のために「鳥をまねて、腕を広げ、手首を上下に動かす」必要があるのなら、そうするまでだった。

2人は、資金がないことも、どう見ても非現実的なことを目指していることも、町や新聞社や世界中からどのような悪口を言われようとも、気にかけなかった。自分たちの手にあった唯一のもの――つまり、すばらしくバカげたアイデアだけに集中し、迷うことがなかった。

そんな2人を誰も止められなかった。ライト兄弟は、冷笑も嘲りもかまわず、地球の重力に負けずに飛ぼうとするほど、自分たちのバカげたアイデアを信じ切っていた。そうしてやがて2人は本当に空を飛ぶ方法を見つけた。

言い訳は、誰でもする

前章で、自分にとって最も重要なバカげたアイデアをどうやって発見するかを学んだ。だがそのアイデアは、もしかすると本書を読むずっと前からあなたの頭の中にあったかもしれない。だとしたら、なぜまだそのアイデアを実行に移していないのか、それを自問しよう。

おそらく、別の何かを優先し、それに集中するため、頭の中にずっとあったものを「バカバカしい」アイデアだと決めつけて無視していたのだろう。私がコンサルティングの仕事をしていたとき、バカげたアイデアの実行を先延ばしする人たちがよく使う言い訳が3つあった。

①時間が足りない
②必要な教育も受けていないし、経験もない
③十分な資金がない

ここで冷徹な事実をひとつお伝えしよう。どれほど懸命に働いても、どれほど勉強しても、どれほどお金を稼いで貯めこんでも、どれほど〇〇〇（ここにあなたの好きな言い訳を挿入すること）しても、あなたの待ち望む奇跡が起きる保証はどこにもない。そして、ほぼ誰にも奇跡が起こらない可能性のほうが大きい。

でも、気落ちしなくて大丈夫。たった今、あなたは呪縛から解き放たれたのだから。つまり、先延ばしする理由などどこにもないということを、あなたは今知った。たった今もこれからも、行動に出る準備はすでに整っているということだ。それが理解できれば、潔く選択ができる。状況を乗り越えていくのか、状況に自分が呑み込まれてしまうのか、そのどちらかを選べる。

時間・教育（経験）・資金の不足

現時点では、あなたのすばらしいアイデアと、成功に向けて歩み出す第一歩との間には、とてつもなく大きな溝があると思っているかもしれない。スタートラインに立つには、アイデアとゴーサインとの間に横たわる最初の溝を飛び越えなくてはならない、と。私は、この底なし沼のような溝を時間・教育（経験）・資金不足と呼んでいる。

時間、教育、資金（思いつくほかの何でもいいけれど）がないことを言い訳にしてしまうと、今の場所で立ち往生するほかない。そしてもっと悪いことには、夢を先延ばしする自分を正当化してしまう。

このとき実際には何が起きているのか。それは、あなたがどれほど強く願い、どれほど熱く情熱をたぎらせているとしても、「今はまだ実行に移せない」と、自分で自分の信念に限界を決めてしまっているのだ。あなたは現状に両手を縛られ、自由を失っている。そしてそれを自分にはどうすることもできないと思い込もうとしている。だが、子どもみたいに駄々をこねてもムダだ。どんなに泣きわめいても誰も耳を貸してはくれない。

時間

まず、最も大事なことから取りかかることにしよう。人間の寿命を考えれば、当然だがこれから先の残された時間は今よりも少なくなる一方だ。言うまでもなく、毎日ただ待っているだけでは、夢の仕事に使う時間はだんだん減っていくし、心から幸福と満足が感じられる人生を送る時間も少なくなる。

そう聞いてもまだ分からない人や、エンジンをかけてスタートを切る理由が見つからないという人は、子どものころからいつも耳元でささやかれてきたあの言葉を思い出してほしい。「お前たちは未来そのものなんだよ」

たしかに私たちは、少年や少女だったころ、大人になったら世界を変えるような人になりなさい、と期待をかけられていた。そして成長して大人になったが、「未来そのもの」にはなっていない。私たちは「現在」でしかない。私たちの「未来」とは、「今日」のことなのだ。

「時間は難しい」

以前、ある大手ベンチャーキャピタルの事務所に、社会変革に役立ちそうなビジネスを売り込みに行ったことがある。事務所に着くと、慈善事業をすることで有名な億万長者がちょうど部屋から出てくるところに出くわした。

ベンチャーキャピタルの代表に会ったとき、さっき事務所から億万長者が出てくるところを見たと話した。すると、相手はこう言った。

「実は、時間を貸してくれないかと言われたんだ。資金なら簡単だが、時間は難しくてね」

あなたがどれほどお金を貯めこもうと、時間はそんなこと気にも留めない。あなたがどれほどの教育を受けたかなんてことはおかまいなしに過ぎ去っていく。時間は、あなたの人生が落ち着くべきところに落ち着くまでにどれほどの時間がかかったかなど気にも留めない。時間はいつだって簡単には見つからないものだ。

だから私は、今すぐに始めればあなただって夢を手に入れられるかもしれないと思っている。そうせずにいつまでも待つこともできるし、手遅れにならないよう祈るのも自由だが。

私は子どものころから辞書のページをぱらぱらとめくっては、新しい言葉とその語源を覚えるのが好きだった（間違いなく、ちょっと変わった子供だった）。10代後半になったある日、辞書をめくっていると、聞いたことのない言葉の定義に出くわした。パーキンソンの法則、という言葉だ。

辞書には「仕事の量は、完成のために与えられた時間をすべて満たすまで膨張する」とあった。私は声を上げて笑ってしまった。自分が高校のレポートや宿題に手をつけるのは、いつも提出期限ぎりぎりだったからだ。（いつもヤキモキさせてごめんよ、ママ！）

高校時代のしち面倒くさい宿題のように、時間がなくなるぎりぎりまで私たちは自分の夢に手をつけない。だが夢の提出期限がいつなのか教えてくれる担任の先生はいない。

時間は永久にあると決めこんで、ぼうっと指をくわえていてはいけない。ギャビンの法則を思い出そう。人生は短い。本当にやりたいことを始めるのに、自分が本当に生きたいと思う人生を生きるのに、あと1日待つのはやめよう。

もし時間が人の姿をしているとしたら、それは自由を求めて戦う戦士だろうか、それとも仕事を割り振りする工事現場の監督だろうか。いま、時間の手綱をあなた自身の手に取り戻すべきだ。時間という祭壇に自分の人生を捧げるのはもうやめよう。

教育と経験

2007年のことだった。フランクリン・コヴィー社の元CEOで、ベストセラーとなった『スピード・オブ・トラスト』（キングベアー出版）の著者スティーブン・M・R・コヴィーから、思いがけなく電話をもらった。私に会いたいと言う。さっそくコヴィーの会議室に出向くと、私が最近講演会で話しているのを聞いたそうで、彼の「スピード・オブ・トラスト」（「信頼」を数値化し、自分自身に対する信頼、組織内での信頼、市場や社会からの信頼を築くためのセミナー）のトレーニング講師として働かないかという仕事の打診だった。

私はあまりに突然の話に仰天した。驚きから立ち直ってから「とても光栄なお話ですが、ありがたいお申し出を検討するには自分はまだ若すぎるし、経験がなさすぎると思います」と答えた。それに「私より年上の人たちがどう思うでしょうか」と。

するとコヴィーは、私の教育と経験に関する考えを根底から変えてしまうような、お金を出したって得られない教えを授けてくれた。「リッチー、経験というものは過大評価されているよ。自分は20年の経験があると言う人がいるけれど、実はその人たちはわずか1年の経験を20回くり返してきただけだ」

「経験は、過大評価されている」。この言葉には度肝を抜かれたが、私にチャンスという窓をたくさん開いてもくれた。

その瞬間、自分の年齢や経験不足を欠点だと考える「思い込みの呪縛」から解放された気がした。そしてひらめいた。自分にとって本当に重要なことなら、そして自分が絶対に成功させると心に決めたのなら、必要なことは行動しながら学べるはずだと。このときほど勇気がわいたことはない。

とはいえ、コヴィーは経験は重要じゃないと言っているわけではない。『スピード・オブ・トラスト』で詳しく述べられているので引用しよう。

個人のレベルでの問題点は、継続的な向上に努めない人が多いことだ。そういう人の大半は、会社に所属する社員だ――勤続年数はおそらく10年か15年くらい。だが、彼らは15年間の経験を積んだのではなく、実はたった1年の経験を15回繰り返したにすぎない……。だから、彼らの信用が拡大することも、飛躍のチャンスが与えられることもない。

経験に価値を持たせるのは、学ぼうとする意欲と、改善点をつねに探そうとする姿勢だ。コヴィーによると、自分を時間で縛り、義務のように一心不乱に働いても、本物の経験は得られないという。それは成功に向かう道の途中で、絶えず学習と向上に（本気で）努めることで得られるのだという。

義務教育でも、生涯学習のようなものでも、教育と経験は重要だと私は心底思っている。しかし、自分で経験や教育を十分に身につけられたと思うまで「本物」の人生の仕事に取り組むのを待つのは愚かだ。どれほど学んだところで、人生の途中で出現する予想外のできごとのすべてを未然に防ぐなど、無理な話なのだから。

情熱あふれる夢追い人や革新的思考をもつ人が、十分な経験を積むまで行動を我慢している間に、ひょっとすると人生を一変させるかもしれないほどの独創的な目標が喉に詰まり、とうとう窒息してしまうなんて、想像するだけでも悲しい。

優秀な作家であり独創的な経営幹部でもあった伝説的広告クリエイターのポール・アーデンはこう言っている。「経験は、独創性の対極にある」。アーデンの興味深い発言は、実に大きな問題を提起している。

アナ・ハーガドンは、演劇専攻の学生時代から、自分の受けている教育を活かしてすばらしい何かを実現しようと心に決めていた。具体的には、演劇と自閉症児を結びつけたプロジェクトをスタートさせたいと考えた。そこで大学の学部長や指導教授に相談したが、たいした支援はしてもらえなかった。斬新で既成の枠にはまらない考え方だったため、大学の学部課程にはそれを受け入れる余裕がなかったのだろう。

経験も指導者からの支援もなかったが、アナはとにかく一歩を踏み出した。彼女のプロジェクトは、演劇を自閉症児の社会参加訓練に利用しようというものだった。このバカげたアイデアを実行に移しながら、業界でコネをつくり、専門家の集まる会議に出席し、ますます自信を深め、情熱を燃やしていった。

結局、このプロジェクトは大成功した。自閉症の患者たちが演劇の勉強や芝居への出演を通じて才能を発掘し、花開くのを支援するという、彼女ならではのキャリアを在学中に切りひらいた。

アナは卒業後まもなく、小中学校の自閉症児のための演劇プログラムを支援する政府助成金を獲得した。ほかにも、自閉症の研究者と協力して、女性の一人芝居「Life, Love and Autism（人生、愛、自閉症）」を創作した。自閉症の子どもをもつ親たちのさまざまな経験と感情を描いた芝居だ。

アナがこのような意義ある成功の人生を手に入れたのは、何かを始めることを恐れなかったからであり、その途中で経験不足を克服していったからだ。

教育と経験の不足が、何かを始めるときの大きな障害になると考えなくていい。もしそれが本当に障害になるのなら、重大な何かを成し遂げる人など世の中にほとんどいなくなる。つねに学び、経験を積む努力をすべきだというのは間違いない。だが同時に、自分の心をとらえて放さないプロジェクトをスタートさせよう。

資金

世界でもっとも有名な女性司会者であるオプラ・ウィンフリーは、スラム街の貧しい家に生まれ、虐待されて育った。今、彼女は世界でもきわめてパワフルで影響力のある、裕福な人間の1人になっている。

J・K・ローリングは『ハリー・ポッター』シリーズを書いて大ヒットさせ、わずか数年で無一文から金持ちに、生活保護者から億万長者になった。ハーバード大学の入学式で行った記念スピーチでは「どん底が、私の人生を立て直す揺るぎない土台になった」と語った。

スティーブ・ジョブズは、自分の学費に両親が老後の蓄えを全部投じたことに後ろめたさを感じ、大学を退学して聴講生になった。友人の部屋を泊まり歩いて床で寝起きしながら、コカ・コーラの空き瓶を拾い、1本5セントで売って食べ物を買った。ヒンドゥー教のクリシュナ教団が無料で配る食事をもらうため、毎週日曜日は片道7マイルの道のりを歩いた。ジョブズにとってそれが週1回のまともな食事だった。その後、彼は現代の伝説的人物になった。両親の家のガレージでジョブズが興したアップル社は「歴史上最も価値ある企業」と言われるまでになった。

夢を実行できるか否かが銀行口座の中身次第だというのなら、こうした「無一文から大金持ち」になる物語など誕生しない。オプラも、ローリングも、ジョブズも出てこなかったはずだ。彼らの物語は極端な例かもしれないが、たしかに彼らは実在した。

夢に向かってスタートを切るのに理想的な経済状態になるまで待つ必要などないと、彼らのような突出した人たちが身をもって証明している。むしろ、理想的ではない状況に必死に逆らって前に進まざるを得なかったことが、偉大な成功物語が誕生する1つの要因になったと言ってもいいだろう。

彼らは「待つ」という簡単な選択もしなかったし、「これは一筋縄じゃいかない。今は待って、後でやろう」とも言わなかった。

もし彼らが「待って」いたら、世界は今と違っていただろう。彼らが、人を元気づけたり、本を書いたり、コンピュータを発明するためにスタートを切る前に、自分たちの才能や人生が私たちに与えた影響を、まやかしで都合のいい時間（定年退職後の生活のような）と引き換えにしなかったことに、感謝してもしきれない。

考えてみてほしい。オプラ・ウィンフリー、ハリー・ポッター、アップルのような誰でも知る名前が存在しなかったら、今の世界はどんなふうになっていただろう。好き嫌いは別にして、その存在がなかったら、私たちの住む世界は今とは異質なものになっていたはずだ。

彼らのような手の届かない遠くにいる有名人が、実に多くの人の人生に影響を与えてきた。それは彼らが頭と心の中で温めてきたアイデアを実行に移すとき、目標達成に必要な資金が魔法のように手に入るまで待つなどということはしなかったからだ。

お金は膨張する

私は金融サービス業界で働き、多くの人の財務相談に乗った経験から、人のお金への接し方にはパーキンソンの法則が働いていることに気づいた。「仕事の量は、完成するために与えられた時間をすべて満たすまで膨張する」ように、支出も、使える金額の最大限まで膨張し続ける。

例えば、ある家庭の可処分所得が1カ月500ドルだとする。なんの抑制もしなければ、やがて1カ月に500ドル全額を使い果たしてしまうようになるだろう。可処分所得を500ドルから1000ドルに増やしても、やがては1000ドルを使い果たすようになる。家計収入がいくらであっても、この傾向は変わらないことに気づいた（ただし、貯蓄計画や投資計画を厳密に守っている場合は違う）。

たとえば、1970年代から80年代、不動産王ドナルド・トランプは巨万の富を蓄えていた。しかし1990年にトランプは経済破綻し、それが世間に知れ渡った。マスコミは試練に見舞われたトランプの苦境を騒ぎたて、ピープル誌は「トランプは1カ月の生活費を45万ドルに減らす」必要がある、「つまり2000ドルのスーツや3カ所にある自宅で使用人を雇うような虚飾に費やす支出を10万ドル以上削るべきだ」と書いた。

お金に関する教訓はこうだ。「お金をいくら持っているか、持っていないかは問題ではない。自分の持っているお金をどう考え、どう使うかが問題なのだ」

やりくり上手のテクニック

自分のアイデアを実行に移すための資金が足りない人は、それを喜ぶべきだ。今すぐ夢のアイデアを実行に移せば、資金が潤沢ではないからこそ、必要に迫られるかたちでゼロからの起業というやりくりのテクニックを会得できる。そして、ネットワーキングがどれだけ重要かについて心から理解する（本当の意味で人との関係をつくり、人に上手に影響をおよぼすにはどうしたらいいかを学ぶ）必要が出てくる。

また、目標を達成するために他人と手を結ぶことの意味も学ぼう（1＋1＝3の考え方）。やりくり上手のテクニックが生みだす長期的な価値（またはパワー）を、けっして過少評価してはならない。

将来――つまり必要な資金がすべて手に入ったとき、ネットワーキングや人と手を組むこと、倹約することで会得したゼロからの起業の技術が、成功を持続させるのにきわめて役に立つ。
貴重な教訓を早い段階で学べたことと、そのおかげで教訓を学ぶのが遅かったばかりに膨大な損を出すような痛い目を見ずにすんだことに、深い感謝をおぼえるだろう。

収支

もしかしてあなたは、夢のアイデアを実現するだけの時間がいつかやっと手に入り、受けるべき教育はすべて受けて、資金も潤沢にそろうことになると自分に言い聞かせていないだろうか。そんな呪文を唱えているとしたら、あなたは間違いなく「定年退職の心理」の罠に陥っている。時間・教育・資金不足の谷間にまっさかさまに落下中だ。

成功を収めた人でさえ一度や二度は、道半ばで3つの障害（時間、教育、資金の不足）の1つか2つ、あるいは全部に直面している。

その目標が単純とか複雑とか、事前準備がどのくらいできているかとかに関わらず、夢の実現に乗り出した後になって、予想以上の時間がかかることに気づいたり、必要な技能を身につけていないことを知ったり、思ったより費用がかさむと分かったりすることは、どんな人にもある。

それでも成功者たちは、時間、教育、資金という障害を言い訳にしないで前に進み続けた。あなたもそうしよう。

1年後の今日、あなたはきっと、あの日に始めておけばよかったと後悔する。

——カレン・ラム（著述家）

Ⅲ章

「バカ」なビジネスが流行るわけ

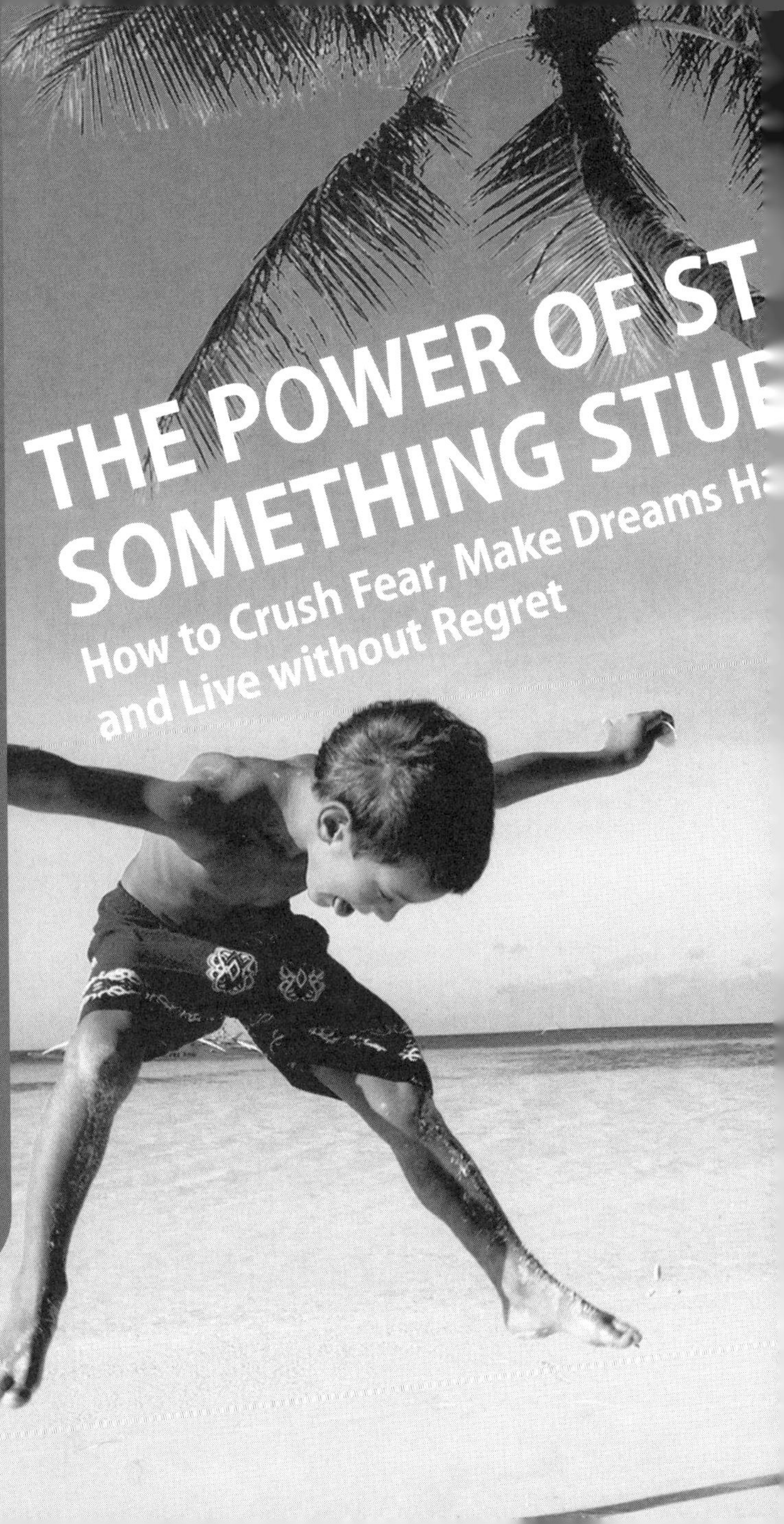

IBMが行った「世界の33の産業に属するCEO1500人へのインタビュー調査」によって、ますます複雑化する現代で成功するために最も重要なリーダーの資質とは「独創性」であることが分かった。

調査の結果分かったのは、「独創的なリーダーは、破壊的ともいえるイノベーションを歓迎し、古びた手法を放棄することを奨励し、バランスのとれたリスクの負い方をする」ということ。従来の英知には限界があるうえ、現代のように急激な変化を遂げるグローバル経済では、組織には競争力を維持するための独創性と、新たな思考法が求められている。つまり、組織はニュー・スマートを求めている。

独創性が将来の成功にとって本当に最重要な要素であるのなら、なぜもっと多くの人が新しいアイデアを使って現状を打破しないのだろうか。答えはシンプルだ。バカであることの恐怖を乗り越えて新しい賢さ（スマートさ）を貫く勇気のない人が多いからだ。

どのようなアイデアであっても、バカげたアイデアの中核には必ず独創性がある。あるいは、「独創性」と「バカバカしい」はほぼ同じものだと言ってもいい。バカげたアイデアは、私たちの心や頭の中のパワフルで創造力あふれる空間から生まれる。

だが、バカげたアイデアに尻込みしてしまうのは当然ともいえる。なぜなら、バカげたアイデアの独創性には、規範からの逸脱、反骨の精神、リスクや恐怖をものともしない姿勢が潜んでいるからだ。ほとんどの人にとって、偉大なる独創性にはリスクを負うだけの価値がないのかもしれない。特に、組織文化がすでに深く根づいている組織ではそうらしい。

それは、慣例にとらわれない考え方をする人にとってはつらい状況だ。組織だけでなく個人も、慣習にとらわれないことこそが自分たちに必要だということに気づいていない。従来の決まりから逸脱したリスクを伴うアイデアに、喜んで自分の資金や仕事をかける人は少ない。そして、イノベーションや独創性を生み出すことに優れている人たちは、すぐに「バカ」のレッテルを貼られ、従来型の成功（収益性も高い）を手に入れるチャンスに恵まれない。


しかし、現代のような攻撃的な経済で勝ち残りたいのなら、組織内に独創性を育むことはただの「いいアイデア」などではなく、成功を手に入れるための「必須要素」なのである。

自分から進んでバカげたアイデアのチャンピオンであろうとすることが、独創性、イノベーション、達成、インスピレーション、モチベーション、成功を高め、拡大するカギだ。仕事でも人生でも、ニュー・スマートのためのスペースを空けておくことはできるし、それが競争力を維持し、達成感を高め、有意義で持続的な成功を実現するために不可欠なのである。

あなたの所属する組織（またはあなたの人生）に、バカバカしさのためのスペースを空けておかないなどという悠長なことは、もはや許されない。

6 イノベーションとバカのループ構造

なぜフォードはT型モデルに固執したか

事業家が事業もろとも沈没するのは、
昔からのやり方にこだわり、自分を変えることができないからだ。

——ヘンリー・フォード

慣例にとらわれない決断を行うことは、ヘンリー・フォードのDNAの一部になっていた。フォードは自動車の量産に成功する前、自動車は蒸気で走るのが一般的だったころに、ガソリンで走る「四輪車」の試験走行をデトロイトでやったことがある。「ヘンリーが車を停めるたび、興奮した群集が押し寄せてヘンリーと車を取り囲んだ。何人かは『クレイジー・ヘンリー』と叫んだ。ヘンリーは『ああ、そのとおり』と自分の頭を指さし、『キツネみたいにクレイジーで抜け目ないよ』と答えた。大衆向けの車の完成に一歩近づいたと彼は思った」。やがて、フォードはその言葉どおり大成功を果たした。

フォードは情熱をエネルギーにして、信念に基づいて目標を立て、度重なる失敗を障害ではなく踏み石にし、前進し続けた。そして成功を勝ち取った。フォードのT型モデルは大人気となり、販売台数は計1500万台を超え、一時は世界中の車の半分をフォード車が占めた。

フォードは絶えずバカであり続けた。それを証明する強烈なエピソードがある。

1914年、フォードは、自社工場の労働者の賃金を1日5ドルに上げて世間をあっと言わせた。ほぼ全従業員の賃金を1日で2倍以上に上げたのだから無理もない。前例のない決断に対し、「フォードは労働者の味方だ、完全なる社会主義者だ、会社を破産させる狂人だと騒がれた」。

株主は無謀だと考えたが、騒ぎや反対の声をよそにフォードは自分のバカげた賃上げプランを貫いた。

結果としてこのイノベーションは成功した。従業員の定着率が上昇し、フォードは最高の技術をもつ職工を確保し、全社を挙げて生産性を向上させた。その年、会社の利益を3000万ドルから6000万ドルに倍増させたフォードは、銀行に向かう道すがら、笑いどおしだったという。

後日、フォードはこう言っている。「結局、1日8時間の労働に5ドルを支払うことが、わが社にとって最高の経費節約になった」

しかしフォードの「キツネのように抜け目ない」やり方は、やがて業界では当たり前の手法になっていった。フォーブス誌は、自動車産業の成熟に伴って生じた出来事を次のように説明している。

市場がシフトしはじめた。価格と価値が最優先の要素ではなくなった。ある日突然、顧客はスタイリングとワクワクする期待感に価値があると考えるようになった。T型モデルは1920年代半ばにわずか290ドルで売られていたが、販売店は、厳しい要求をつきつけてくる目の肥えた消費者の心をつかむ新型フォード車を開発することを強く求めた。

だがヘンリー・フォードは、自分の愛するT型モデルに変更を加えることを許さなかった。あるときフォードの休暇中に従業員がT型モデルを改良したことがあり、何も知らなかったフォードは休暇から戻って愕然とした。そして改良モデルのフロントガラスを蹴飛ばし、屋根にのぼって車体をへこますという行動で答えを示した。のちに従業員の一人が言っている。「社長の考えがよく分かった。社長にとって、T型モデルは神のようなもので、エセ神の像を作ることは許されなかったんだ」

フォードは、T型モデルを改良しようという社内起業家精神あふれる従業員の努力を、文字どおり「叩き壊し」「押しつぶし」た。フォード社の株価はどんどん下落し、やがてゼネラルモーターズ社に追い抜かれるに至った。

フォードはなぜモデルチェンジをしなかったのか。そんなことできるわけがなかった。フォード持ち前のクレイジーなやり方がブレーキになった。それまで膨大な数のT型モデルを売ってきた実績があった。いわば、フォードが王様で、T型モデルはその王冠だったのだ。

フォードの成功の尺度からすると、フォード社の体制は間違いなく完璧だったし、それは20年近くにわたって証明され続けていた。

バカのループ構造

バカはループ構造をしている。

バカは循環する。ヘンリー・フォードとT型モデルの例のように、バカげたプロジェクトが成功すれば周囲に認められる。そうなると次にはスマートなこととみなされ、それがスタンダードになり、やがて並みのものとなっていく。

そう、「並み」とはつまりイノベーションがないということだ。新しさに欠けるものだ。人は「並みのもの」を好むが、夢中になるのは「新しいもの」なのだ。

バカのループ構造によれば、成功したバカげたプロジェクトはやがてスマートになり、大衆(または「新しモノ好き」)から認められ、賞賛される。ただし、バカげたものがありふれたものになれば、次のような自問をしなければならない。「自分は前と同じだろうか。それとも、良い悪いは別にしてイノベーションができて(バカに戻って)いるだろうか」

バカのループ構造を理解し、イノベーションがきわめて重要である理由が理解できると、自分を取り巻く環境の動きが分かり、それに適応する力を身につけることができる。

つまり、バカのループ構造はイノベーションの方程式だ。イノベーション+モチベーション=

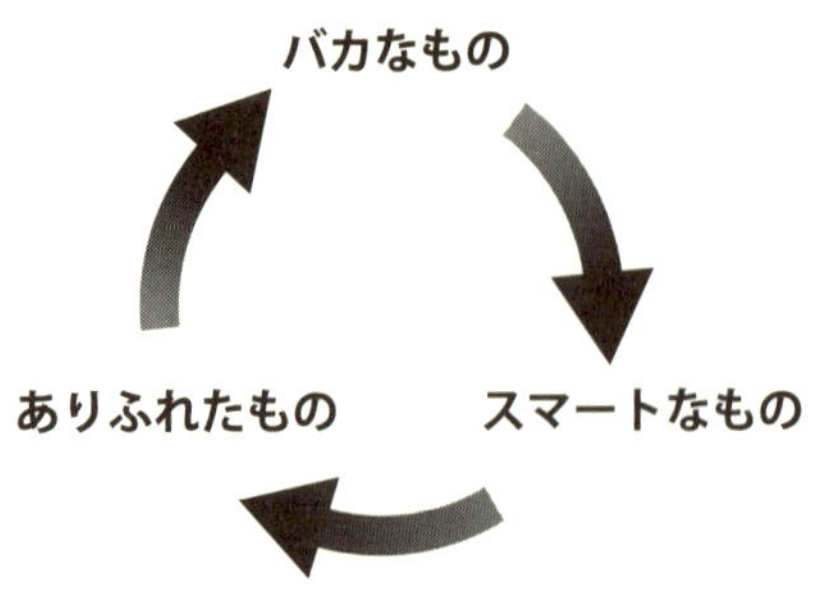

売上、である。

製品やサービスを買い続ける気を消費者に起こさせるには、イノベーションを行わなければならない。人気の音楽バンドや最新流行ファッションが誕生しては泡のように消えていくことや、健康のためのエクササイズ法が次々と主流になっては次のエクササイズにその座を明け渡していることを考えれば、自ずとわかる。

消費者は絶えず新しいものを探している。あなたが自分のバカげたアイデアに固執しすぎ、市場が求める改革を行わなければ、ニュー・スマートなものはすぐに有害なバカになり、そのうちに跡形もなく死に絶える。

有害なバカの話をするついでに、バカのループ構造の軌道に有害なバカがどう影響するかを知るため、有害なバカの定義そのものを深く掘り下げておこう。

ジェームズ・E・ウェルズの著書『*Understanding Stupidity*』では、有害なバカは「行動の順応性を失わせ、新アイデアや現在の状況への適応を妨害するような、最も好ましくない行動を当事者にとらせる」という。ヘンリー・フォードと彼のT型モデルへの頑迷な固執が、変化する環境への適応を拒絶した最たる例である。ヘンリー・フォードの逸話は、有害なバカが経済全体をも疲弊させた例でもある。

新情報や現状への適応をしたがらない人や企業をよく見かける。適応することへの頑なな抵抗や融通性のなさの裏には、たいてい恐怖がある。人は自分が負担を負わされそうになると、恐怖を感じる。何かが変化したための金銭的負担もそうだが、感情、精神、物質、時間の負担も同じだ。

私たちは恐怖を感じ、コトを荒立てるのもバカバカしいし、何かを変えるなんてバカだと決めつけてしまう。変化を避けるのは有害なバカの現われであるだけでなく、そこには、このまま何もしなければスマートな人間でいられるという勘違いをしてしまう危険性もある。

自分が価値ある存在で居続けたければ、油断しないことだ。本章に書いてあることを全部忘れてしまっても、これだけは覚えておいてほしい。起業家、企業内起業家または企業のトップが新しもの好きでいることをやめ、必要な変革や継続的改善を受け入れず、必要があれば一からやり直す勇気をもたなければ、旧態化は必ず起こる。自分以外の誰かがバカな（そして適応力のある）優れたイノベーションで主役に躍り出てくるリスクを招いてしまう。自分が消え去るか、存在意味を失うリスクを招いてしまう。

永遠のベータ版を生きる

絶滅危惧種のように消え去ることにならないためには、どうすればいいだろう。価値ある存在であり続けるにはどうすればいいのか。

ソーシャルネットワークの「リンクトイン（LinkedIn）」の共同創設者で会長を務めるリード・ホフマンは、誰もが「永遠のベータ版」に生きるべきで、「絶えず何かを始め」ながら、「生きるのに忙しい」または「死ぬのに忙しい」生き方をすべきだと言った。

ホフマンによると、永遠のベータ版状態で生きていれば、敏捷さを身につけ、自己投資をし、ネットワークを構築し、知的なリスクを冒し、「不透明さや不安定さを自分の味方につける」ことができるという。

それは「自分を向上させるパワー、そして同様に大事なことだが、自分を取り巻く世界をも向上させるパワーを手に入れるという考え方にもとづく楽観主義に満ちた精神構造だ」という。そしてそれが可能だとホフマンは言っているのだが、あなたの耳に彼の声は届いただろうか。

そのパワーがあなたにはあるのだ。価値ある存在であり続け、絶滅などしたくないのなら、自分は解放され、自由だと考えよう。そこにパワーがある。

インターネット関連企業（Gメールやアマゾン）はたいてい「ベータ版」でスタートし、さらに何年もベータ版の状態を続け、次々と「ベータ」機能を追加している。「ウェブ2・0アプリケーションが絶えず再リリース、変更、修正され」、変化し続ける現代世界では、成功の達成と維持に向かう道の途中で自己を再リリース、変更、修正する柔軟性が必要だ。

生き残って繁栄を遂げるには、絶えず再評価し、改善し、イノベーションを行う姿勢が必要だ。つまり、つねに全力でニュー・スマートであろうとしなければならない。

T型モデルに固執してはならない

ゼネラルモーターズ（GM）がフォードを追い抜いた理由のひとつは、GMが新車を毎年投入する「計画的旧式化」と「変革の習慣化」を導入したからだ。GMは厳しい競争市場で意味ある存在であり続けるために、絶えずバカに立ち返る——絶えずイノベーションを行う——ことがきわめて重要だと知っていた。

人の注目を集めること、発明の才、現状打破への挑戦でヘンリー・フォードが見せた能力は、けたはずれの成功をもたらした。フォードが道を切り拓いて実現した鮮やかで革新的な変化は、輝かしく歴史に刻まれた。理解しがたいことだが、そのバカげたともいえる才気が、やがて頑迷な愚かさに変わり、フォードはバカに立ち返るか姿を消すか、道は二つに一つになった。

「T型モデルの売上が急落し、1926年になると、ヘンリー・フォードはこのままでは終末を迎えるしかないという市場の現実にやっと気づいた」。そしてようやく独裁の手を緩め、勇気を出してバカに立ち返った。従業員を自宅待機させ、ハイランドパークの工場を6カ月にわたり閉鎖して、A型モデルの設計に取りかかった。「A型モデルは、1927年12月の発売と同時に人気を博し、フォード社は財務危機から抜け出した」

T型モデルに固執してはならない。時代遅れになりたくなかったら、つねに（そして勇気を出して）バカに立ち返ること。

バカだと思われるのを恐れる人がたくさんいる。だが、バカになるのは悪いことではない。……バカでいることのいちばんいい点は、バカな人間は、たいていバカではなかったことを証明できるくらい長生きする点だ。または、バカでなかったことを証明できるくらい、やったことが後世に長く残る点だ。

——ヘンリー・フォード

永遠のベータ版とは、自分を成長させることに生涯努力することを意味する。

——リード・ホフマン（リンクトインの共同創設者・会長）

7 バカげたプロジェクトを続ける
どうすれば次の段階に進めるのか

人生はすべてが実験だ。実験をたくさんすればするほどよい。
——ラルフ・ワルド・エマーソン（アメリカの思想家・詩人）

２００２年、ダレン・ロウズは初のブログを「発表」した。ブログというものが誕生して間もないころで、ロウズは、ワールドワイドウェブ（www）という広大な世界の最前線を開拓するパイオニアだった。だが当時、彼はブログにそれほどの発展性があると思わなかった。ほとんど興味本位からブログを始めたのだが、やがて、多くの人が彼の後に続くことになる。

ロウズは、「ブログなるもの」を何となく楽しい実験だと思った、とのちに語っている。おもしろくはあるし、うまくいけば自分の新しい趣味になるかもしれない、人と知り合うきっかけ作りにもなるだろう、といった程度だった。

そのころロウズは、結婚式の費用を用意し、自分の車（けっして高級車ではない）のローンを支払い、大学の学費を貯める必要があり、３つの仕事をかけ持ちしてやりくりしていた。仕事に追われて新しい趣味に使う時間はないに等しかったため、スタートから1年間、彼のブログにたいした変化はなかった。ときどき思い出したように更新するのを、教会の友人たちが読んでくれた。ただ「教会の新しい信者仲間」の間で彼のブログを読む人が徐々に増えていた。

読者が微増したおかげでブログの運営費用がかかるようになったことから、ロウズはブログのハード面の出費を賄う算段をはじめた。ブログ運営費をカバーでき、外注したブログデザイン料を支払うだけの収入が得られればそれで十分だった。グーグルが提供する広告配信サービス「アドセンス（AdSense）」を使って実験を開始してみると、数カ月のうちに毎日の平均収入が少しずつだが着実に増えていった。ロウズによると、

すぐに、必要経費の工面は実際に可能なことだと気づいた……。12月は1日に6ドルの収入だったが、1月は9ドル、2月は10ドル、3月は15ドルと増えていった。大金とは言えないが、こうやって長い間に増え続ければどうなるだろうと考えた。1カ月に2〜3ドルの増加ではなく、もし毎月30％か40％、あるいは50％も収入が増えていったらどうなるか。指数関数的な成長について考えはじめた。

ロウズのちょっとした実験が、すぐに別のことへ発展していった。4月の毎日の収入は20ドルだったが、5月は32ドル、6月は平均で48ドルと、余暇を使ってやっていた副業から着実な収入が入りはじめた。

そして、ついに決定的瞬間がやってきた。ちょうど何かの種が植えられたように、頭からどうしてもあることが離れなくなった。ロウズの頭にバカげたアイデアが浮かんだのだ！　本人の言葉によると、こうだ。

そのときは（妻の）ヴィーも私も不安だった。２人とも事業を始めた経験などないし、私はどちらかというと起業家精神があるほうだったが、私たち２人はいろいろな意味で保守的だった。収入の数字を見ると、可能性がありそうだとは思ったけれど、それでも不安もあった。ブログを書いて収入を得るなんて、そんなことができるのだろうかと。

実験を始めてから1年半ほどで、ロウズは週２日はプロのブログ発信者として働くと決めた。

当然、人にはそのことを話さなかった。家族と友人のごく一部には打ち明けたが、たいてい驚かれ、似たような言葉が返ってきた。「なかなかよさそうな話だね。でも、まさかそれを本職にする気じゃないよね」とか、「例の趣味のビジネスの調子は、その後どう？」とか。

周囲の理解や応援はないまま、不安ながらもロウズはスタートを切った。自分のバカなアイデアを信じて、小さなビジネスから始め、少しずつ大きくしていくことにした。さまざまなブログ、テーマ、スタイルを試す実験を続け、収入を増やす工夫をし、いちばん有効な方法を探した。（当時は、一度に20のブログを運営していた！）

２００５年になると、ロウズはさらなる飛躍を目指して、仕事をブロガー１本にしぼった。ロウズの小さな実験が本職になったのだ。スタート当時はゆっくりだが着実な成長だったのが、やがて成長は加速し、奥行も幅も広がっていった。今では、ネットワークを張りめぐらしたようなロウズの複数のブログが計１００万ドル単位の収益を上げている。

彼の会社「ｂ５メディア（b5media）」は、３００以上のブログを発行し、２００万ドルのベンチャー投資を受けた。ロウズの会社は、最近になって他社に売却されたが、彼は現在、執筆者兼講師として人気を集めている。

なかでも最も有名なロウズのサイトは２つある。その１つプロブロガー・ドットネット（www.problogger.net）はブログ執筆のプロにヒントを提供し、つねに世界のトップブログに数えられている。もう１つのデジタルフォトグラフィースクール・ドットコム（digital-photography-school.com）はデジタル写真技術の教育サイトで、毎月４００万人以上がこのサイトを訪れている。

バカ心理の克服――アイデアからプロジェクトへと段階を進める

バカげたアイデアを実行に移すには、最初にバカの心理を乗り越えなければならない。バカなアイデアはそもそも型破りである。「A地点」（バカげたアイデア）から「Z地点」（バカげた成功）へと導いてくれる便利な道路地図など存在しない。誰も保証はしてくれないし、どこから手をつけるべきかが分からなくて、目標の大きさに威圧されてしまう。

ダレン・ロウズを例に考えてみよう。もしロウズが、ブログ執筆で数百万ドルを稼ぐことを最初から目標にしていたら、そこに至る道は複雑すぎて、どこからどう手をつけていいかわからなかっただろう。どこから始めるべきかが分からなければ、何も始めないで終わるのがオチだ。

圧倒されてしまったバカの心理状態は、大きな目標を処理しやすい小さなプロジェクトに分け、しかも、開始と完了を一目瞭然にしておくことで乗り越えられる。この方法をとれば、とうてい無理だと思われたアイデアさえ、恐れるに足りない気がしてくる。この単純な「視点」の変化のおかげで、抽象的なアイデアが実行可能なタスクやノルマに変わっていく。

あなたも他人も、プロジェクトを支援しようというとき、開始と終了がはっきり決まっているプロジェクトのほうが、抽象的で実行しにくそうなアイデアよりも支援する気になるはずだ。

たとえば、ブログを始めようとするとき、その意思――「ブログを始めたい」――を、「ブログのプロジェクトに取り組む」または「○○○（あなたの名前）のブログプロジェクトに取り組む」と言い換えてみよう。犬の飼育牧場を始めたいのなら、「犬の飼育牧場を始めたい」から「犬の飼育牧場プロジェクトに取り組む」に言い方を換える。

プロジェクトに取り組むこと自体が、総合的満足度を高める

プロジェクト作業に取り組むと、成功の確率が上がるだけでなく、成功に至るまでの満足度も高まる。『*Personal Project Pursuit: Goals, Action, and Human Flourishing*』という本の著者は、同書の中で、膨大な調査結果から「個人プロジェクトは、精神的充足から身体の調子に至るまで、人間の心身の健康にいい影響を与え得る」証拠を示した。組織において個人プロジェクトが好影響をもたらすとした著者の結論を、同書から引用する。

最終的に、個人プロジェクトが、組織に属す人間の生活に意味、骨組み、コミュニティ意識を与えるだけでなく、組織そのものにも好影響を与えることが分かった。つまり個人プロジェクトとは、組織に影響を与え、足跡を残す行為だ。その意味で、個人プロジェクトは単に個人的なものではなく、組織が機能していくための結合細胞のように機能する。

私は、3年間にわたり、ある非営利団体の収入担当部門のコンサルタントをしていたことがある。この団体はずっと赤字続きで、採算改善のためのコンサルタントとして雇われたのだ。私は団体の目的からはずれないようにしながら、個人プロジェクトを導入することにした。職員たち

に自分が関心をもつテーマを選んでもらい、小さな個人プロジェクトを企画させ、開始日と終了日も定めて期限を切り、段階的に作業を完了させて結果を積み重ねていくことにした。

職員が自己責任を負う一方で、自主性が認められているとも感じられるプロジェクトに取り組むうちに、この団体の収益性は大きく変化した。収益が改善しただけでなく、職員の仕事に対する態度や情熱ががぜん強化され、独創的な発想が生まれ始め、この部門の文化も変わった。

個人プロジェクトを導入する前は、職員はバラバラに作業をし、職員同士の横のつながりはないに等しかったことを思うと、皮肉でもある。個人プロジェクト導入の副産物として、職員は活力を発揮し、自分の分担する作業を終えるだけでなく、同僚のプロジェクトを成功させるために協力し、助け合うようになった。

人生のどんな局面にも同様の効果があることを覚えておいてほしい。個人プロジェクト、企業内起業プロジェクト、企業プロジェクトのどれもが、人生に目的意識や骨組みを与え、組織に新しい命を吹き込む。

連鎖反応——「人を喜ばせる」ためのシンプルなプロジェクトが、より大きな成果につながる

ある日の午後のこと、愛車の1996年製カローラの中古ドアハンドルを探していたニルバン・ムリックは、ロサンゼルス東部の中古部品店「スマート・パーツオート」を訪れた。それが、

ムリックと9歳の男の子の人生を大きく変えるプロジェクトの始まりだった。

ムリックは店内に段ボール製のゲーム機の並んだゲームセンターがあることに気づいた。これはケイン・モンロイという男の子が自動車パーツの入っていた段ボールを使って制作したもので、ゲームセンターができてから何カ月かたっていたが、ムリックが最初の客だった。

映画製作の仕事をしていたムリックは、ケインの発想と、細部まで作り込まれた段ボールのゲームセンターに感銘を受け、ケインのアーケードをテーマにした短編映画をつくって「ケインを喜ばせよう」とした。

ムリックはケインの父親の許可を得て、このゲームセンターにひそかに人を集める「サプライズ・フラッシュモブ」（ネットの口コミで人を集めるイベント。直前に集まり、終わるとすぐ解散する）の開催をフェイスブック上で計画。サプライズイベントの話は人から人へと広まり、当日は100人以上もの人が集まった。NBCテレビのニュースまで取材にやってきた。

この素朴な映画プロジェクトはさらに驚くような波紋を呼んだ。イベントの様子を撮影したビデオがユーチューブなどに公開（「Cain's Arcade」）されると、1日で6万ドルの奨学金がケインのもとに集まった。1週間後には、ゴールドハーシュ財団が募金と同額を出資することが決まり、「ケインのような子どもの想像力と起業家精神を発見し、育み、資金を与える」ケインズ・アーケード・イマジネーション財団が25万ドルで設立された。

ケインはカリフォルニア州議会でラテンアメリカスピリット賞を受賞し、世界最大級の広告祭、カンヌライオンズ国際クリエイティビティ・フェスティバルで最年少の講演者になった。

ニルバン・ムリックのほうは、本人の言葉によると、「おかげで自分にもいろいろな道がひらけた。『ケインズ・アーケード』の長編映画を作らないかという話があちこちからかかっているし、シリーズ化の話もある。本当に驚いたよ……いまだに、何が起きたのかよく分からない」

プロジェクトをスタートさせ、バカの心理を克服すると、1つのことが次のことへ、さらに次のことへと、まるで奇跡のように連鎖していく。愛車のドアハンドルを探していたムリックが、少年を喜ばせるためにささやかなプロジェクトをスタートしようとした。そこから次に何が起こるかはムリックにも想像できなかった。

個人プロジェクトのいいところは、何より私たちを前進させてくれることだ。たいてい、時間や資金のように必要なものが足りないため、「時間・教育・資金不足」をうまく克服しやすい。大きな目標に向かう勢いもつきやすく、しかも、容易にその勢いを維持できる。最初に想像していた以上に良い結果をあげることもある。

無料プロジェクトを収益プロジェクトに変える方法

クリス・ベネットは、中小企業をお客にしたインターネット販売のコンサルティング会社で、高い給料を稼いでいた。仕事は気に入っていたが、いつかは自分の会社を持ちたいと考えていた。そして、独立という目標達成のため本職以外のビジネスも始めた。ところが、その副業で不動産投資に手を出し、失敗して丸裸になった。

だがベネットは、それを自分のやり方を見直すチャンスだと考えた。副業に失敗したのは、そもそも自分が本当にやりたいことをやらなかったからではないのか。

そこで思い立ったのが、ある実験だ。好きでもない仕事をして金を稼ぐ（従来型のスマート）の代わりに、自分が好きなことをやって、料金はとらないことにしたのだ（ニュー・スマート）。

ベネットの友人の1人は、地元の住民相手に小さなケータリング会社をやっていたが、やっとのことで黒字を出しているような状況だった。だがベネットがその会社のオンライン販売（ベネットの好きなプロジェクト）を引き受けてからは、週に3～5件だったケータリングの注文が1日に5～7件に増加した。1年後、会社はその州で第2位のケータリング会社になっていた。

この次に起こったことがおもしろい。突然、ほかの会社からコンサルティングサービスについての問い合わせがベネットのもとに寄せられはじめた。ベネットは経験豊かなインターネット販売のプロだといきなり認められたのだ。

ベネットの実験はすばらしい結果につながった。ベネットは、インターネット販売に対する自分の情熱が本物だったことを証明しただけでなく、その情熱を利益を生むビジネスに転換する能力が自分にあることを知った。

この実験から、ベネットの会社「ナインティセブンスフロア（97th Floor）」が誕生した。それから7年後の今、同社はフォーチュン誌のトップ100社の数社とも取引関係を結び、ベネットはインターネット販売の講師として世界中から講演に招かれ、忙しく働いている。

ベネットのアドバイスは次のとおり。「とにかく始めること。アイデアを実行に移した人が最初に口にする言葉は、決まって『もっと早く始めればよかった』なんだ」

バカげたプロジェクトで実験する

プロジェクト形式はバカげたアイデアの実験に適している。まず小さなプロジェクトをスタートさせれば、いきなり大きな目標に乗り出すよりはリスクが小さくて済む。プロジェクトを実験的に実施すれば、どうやるとうまくいき、どうやるとうまくいかないかが分かる。小さなプロジェクトなら失敗する余裕だってあるし、最終的な成功を目指してアイデアを修正していける。実験すれば、できるかぎりさまざまなアイデアを試すことも、できるかぎり早く試して最も有効な方法を発見することも可能だ。

考えてもみてほしい。マーク・ザッカーバーグがどうやってフェイスブックでイノベーションを行っているのだろうか。雑誌『ファストカンパニー』がザッカーバーグに質問をしたことがある。「あなたはどうやってイノベーションを行っているのですか」。彼はこう答えた。

イノベーションとはすばらしいアイデアを持つことだと考える人がたくさんいる。だが、イノベーションの大部分は、すばやく前に進み、たくさんのことを試すということだ。

フェイスブックでは、会社と企業文化の中核にこの考え方を据えている。フェイスブックは、毎日のように新しいコードをリリースしている。フェイスブックにはハッカソンという伝統がある。ハッカソンでは、フェイスブックの技術者が全員集合し、一晩かけてプログラム作りをする。作りたいものなら何を作ってもいい。仕事に関係あるなしもかまわない。目的は、何かを作ろう、イノベーションをしようということだけだ。

ザッカーバーグがフェイスブックで奨励しているバカなプロジェクトが、イノベーションに拍車をかけ、時には革新的なアイデアが実際に採用されている。

グーグルもそういう例のひとつだ。グーグルでは、「グーグルの社員全員が次のブレークルーを思いつく能力を持っていると考えられていて」、社員のアイデアに耳を貸すだけなく、個人プロジェクト形式で実験を行う時間を社員に与えることを、会社のミッションの1つにしている。「当社では、『労働時間の20パーセント』を自分が本当に情熱を感じることに使う自由を技術者に認めている」

従業員が面白いと思って始めたグーグルの個人プロジェクトや実験には、ユニークなどという言葉では語れないほどすばらしいものがある。たとえば検索補助機能のグーグルサジェストや、広告配信システムであるアドセンス（AdSense）、SNSのオーカット（Orkut）は、そんなプロジェクトや実験から生まれた。

あなたもきっと、グーグルが目指しているような環境で「バカげたアイデア」を試してみたいと思うのではないだろうか。そして、あなたも自分の組織の内外にグーグルのような環境を整えることが可能だ。

バカなプロジェクトを実験し、何がうまくいくのかを見つけよう。人生の大半の時間を待つことに費やした後で、自分のアイデアが失敗だったと知る（リスクが高い）よりも、自分のアイデアがダメかどうか今すぐ知るほうがいい（リスクが低い）。

臆することなく試そう。自分のアイデアを実験プロジェクトで試してみよう。何がうまくいき、何がうまくいかないかを理解し、その後、前進を続けるか、気持ちを切り替えて進む方向を変えるかしよう。

障害の克服と大きな夢の実現に、個人プロジェクトを利用する

ララ・ケイシーは、一度にいくつものつらい目に遭った。高給だがおもしろくもないニューヨークでの仕事を辞めたとたん、離婚することになり、超大型ハリケーン・アイバンのせいで子ども時代を過ごした家を失ったうえ、たった一人の兄がスノーボード事故で脊髄を損傷したとき

は、あやうく兄まで亡くすところだった。

まるで人生が崩壊したかのようだったが、絶対に負けるものかと踏ん張った。ケイシーは当時を振り返ってこう言う。「どん底だった。でも、そこから抜け出すしかなかったのよ」

なんとか一歩ずつ前に進んでいくうち、状況は徐々に好転していった。数カ月後、ケイシーはよきパートナーと出会って再婚し、夢見ていた仕事をカリフォルニアで手に入れた。だが、そのころはイラク戦争のまっただなかで、ケイシーの再婚相手は8カ月の兵役に駆りだされた。ケイシーはフロリダの両親の家に戻り、夫の帰りを待つことにした。

「ニュースは見たくもなかったわ。昼も夜も電話のそばでベルが鳴るのを待っていた。それで、頭をほかのことでいっぱいにしておくために、何かプロジェクトが必要だったのね。ある晩、自分の中にあるすてきな考えに気づいたわ。それが、爆弾の恐怖から気持ちをそらしてくれた。さっそく小さなパソコンを使って、ウェディング雑誌の表紙を試作してみることにしたのよ」

ケイシーの頭には写真撮影の現場が浮かび、すぐにインターネットのドメイン名を取得しようとした。それが彼女にとって唯一、正気でいられる方法だった。

ケイシーは全力でそのプロジェクトに取り組んだ。「最初は、地元の商店や教会やブライダルショーに出せればいいと考えていて、少部数の印刷をするつもりだったの。でも神様には別のお考えがあったみたい」

一つのことがまた別の何かを生むように、プロジェクトはだんだん大きくなり、いつのまにか本格的なウェディング雑誌が誕生していた。出版の取りやめを求める大手出版社からの脅しをはじめ、次々と障害が出てきたが、ケイシーはへこたれなかった。彼女の雑誌『サザン・ウエディング・マガジン』の第1号は絶賛をもって迎えられた。

「売れ行きは思った以上によくて、3カ月で全部売り切れたわ。第1号は全国平均を30パーセントも上回る売れ行きを記録したの。読者は雑誌に感激し、広告主は興奮し、流通業者は大喜びだった」とケイシーはふり返る。この雑誌の成長と成功の勢いはその後も衰える兆しがなく、5年たった今も好調だ。

ケイシーは自分の考えを貫くことで成功を持続させた。大手企業からの買収話も断り、当初のシンプルなプロジェクトのまま雑誌を発行し続けた。「うちの雑誌は企業のビジネスでもないし、大手出版社のものとも違う。自分たちでレイアウトし、記事を書き、広告をとって、すべての作業を自分たちの手で進めているわ。今はめったに見かけないけれど、自費出版式の雑誌ね。自分で手をかけられないほど大規模の雑誌にしたいとはまったく思わないの。細部まで自分たちの目を配りたい。自分たちの手ですべてをこなしていることに心から満足しているわ」

ほかの人へのアドバイスを求められ、ケイシーはこう語っている。

どうすれば着実に成長していくビジネスを始めることができるか、どうすれば「弱気や恐怖」をはねのけて本当の人生を生きることができるか、ですって？　それは、とにかく歩み続けることに尽きます。泥道を進み、ごつごつした大きな岩があれば乗り越え、深く茂った草やイバラをかき分け、薄氷の上もただ歩くだけ。歩かなければ、向こう側にたどりつくことはありません。

私がとりたてて特別な人間というわけではないのです。私たちは誰でも、他人に誇れる才能を持って生まれてきています。まず立ち上がって、一歩ずつ前に足を運ぶだけ。今すぐに。力強い一歩を踏みだすこと。あるのは失敗でなく、教訓だけ。両足を地につけて、歩くだけ。あなたにはその才能があるのだから。

全身全霊で取り組む

「あなたにはその才能がある」。そのとおりだ。もう待つのはやめよう。夢を追いかけずにいじくりまわしていても、夢の世界に足を踏み入れたときに味わえる喜びはない。深呼吸をして、目の前のバカなプロジェクトをとにかくスタートさせることだ。あなたが自分で道を切りひらく時は今だ。夢に生きる時は今だ。

荒唐無稽なアイデアを形あるものにするのは、簡単ではない。真剣に取り組まなければできないことだ。中途半端にやるのでなく、100パーセント打ち込まなければ無理だろう。

誰の助けもなく、一人でニュー・スマートを実行しなければならないこともある。もしかすると周囲から浮いてしまうかもしれない。だが周囲から浮くということは突出することでもある。突出することで、大きな変化の波を起こすことができるかもしれない。それがバカであろうとするということだ。

『1984』は、1984年のスーパーボウル開催時にアップル社（Apple）が流した伝説的なコマーシャルだ。テレビガイド誌は「史上最高のコマーシャル」と褒めちぎった。ところが、このCMには裏話があり、実はもう少しでボツになるところだったという。

アップル社の狙いは、マッキントッシュのパーソナルコンピューターの発売を大々的に宣伝することだったが、このCMに肝心のコンピューターはただの一度も登場しない。その代わり、女性が走ってきて、大きなハンマーを振るってジョージ・オーウェル著の『1984年』を彷彿させる「ビッグ・ブラザー」（『1984年』に登場する架空の人物。作中の全体主義国家「オセアニア」に君臨する独裁者）の画像をこなごなに破壊する。これにアップルの役員たちは感心しなかった。ジョブズが役員にCMをお披露目したとき、「過去最低のコマーシャルだと思われた」という。

「ジョブズはパニクっていた」。ジョブズは、アップルの共同創設者であるスティーブ・ウォズニアックにCMを見せた。ウォズニアックは、「ものすごいCMだ」と思ったと言う。ジョブズは、役員会でスーパーボウルにこのCMを流さない決定が下ったため、押さえてあったCMの放映時間をよそへ売らなければならないと打ち明けた。

だが、ウォズニアックの信念は揺るがなかった。彼はスーパーボウルの広告放映料をジョブズに尋ねた――80万ドル。ウォズニアックはジョブズにこう言った。「君が半分出すなら、僕も半分払おう」

結局、ジョブズとウォズニアックが自費で広告を出すことにはならなかったが、2人は本気で自腹を切るつもりだった。これが本気で取り組むということだ。100パーセントということだ。

ニュー・スマートなバカでいるには、最後までけっしてあきらめずにバカなプロジェクトに取り組み、自分の100パーセントを捧げること。

あなたは、スーパーボウルのCMに80万ドルを自分で出すようなハメには陥らないかもしれないが、誰だって障害にぶつかることはある。障害は実験にもつきもので、道を切りひらくこととは障害に遭うことにほかならない。これが、プロジェクトを実行するときの醍醐味でもある。

未来永劫献身する必要はない。プロジェクトには開始と終了が必ずある。プロジェクトは、自分が正しい方向に向かって進んでいることを確かめるチャンスを与えてくれるものだ。ただし、海が荒れて船を見捨てて逃げたくなっても、プロジェクトの完了まで絶対にあきらめない強い意志をもっていなければ、次の曲がり角を曲がったら何が待ち受けているだろうといつもビクビク怯え続けなければならなくなる。

悲観主義者はあらゆる好機の中に困難を見いだす。
楽観主義者はあらゆる困難の中に好機を見いだす。

――ウィンストン・チャーチル

Ⅳ章 バカなアイデアを実現するには

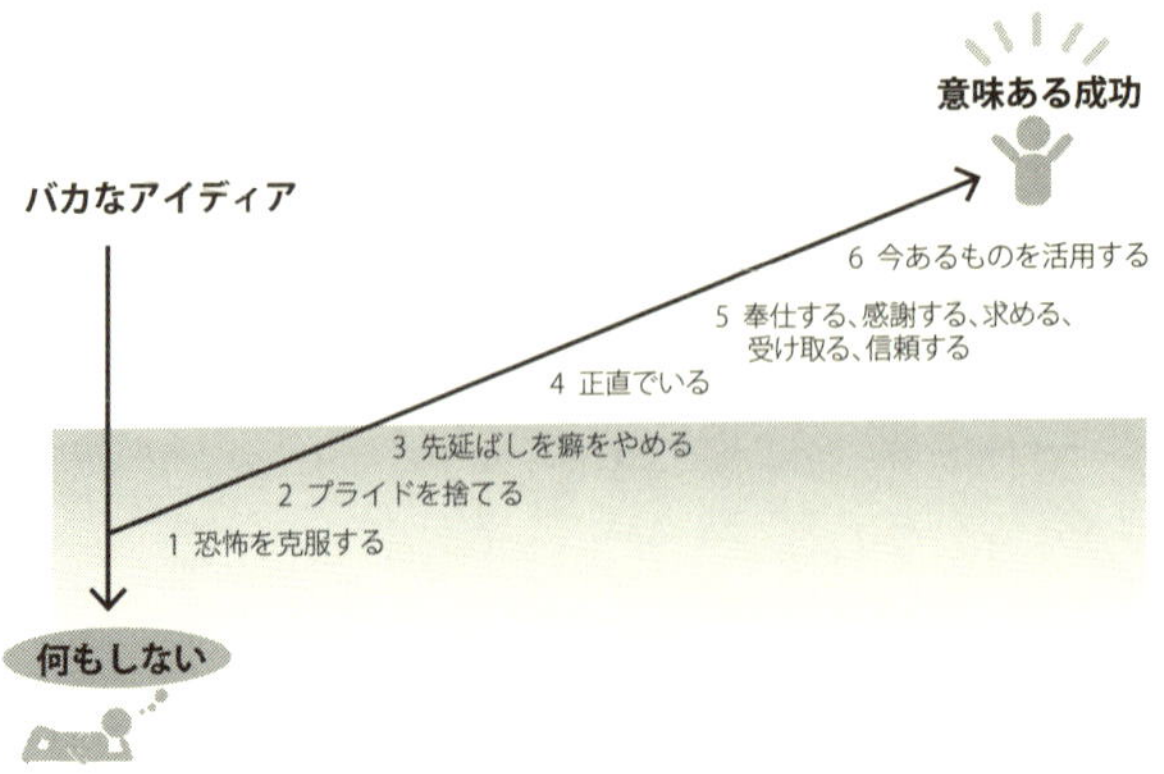

どんな夢も、それを追う勇気さえあれば、実現できる。

——ウォルト・ディズニー

成功を加速させるには、夢にできるだけ早く、できるだけ近づかなければいけない。

本章で紹介する原則は、今あなたがいる場所と最終的にたどり着きたい場所との距離を縮める原則だ。この原則を取り入れれば、できるだけ短時間で目標を達成するためにやるべきことを見きわめて、実行に移すのがたやすくなる。

普通、「原則」とは根本的な真実だと考えられている。「信念や行動の体系の基礎である」とされている。だが原則とはそれだけではない。原則《プリンシプル》という言葉のラテン語の語源は、principium で、意味は「源」だ。ほかに「princeps（最初の・第一の）」と「princip（主な）」という意味もある。つまり「原則」という言葉には「根本的な真実」という以外の意味もある。

本章で読者に紹介する原則は、ビジネスと人生のあらゆる局面に取り入れれば、あなたが探し求める、重要で目的に即した継続的な成功のための堅牢な岩盤になる。成功に向かう道の途中で私たちが決断を下すときの、最初の「源」のような働きをする。

この原則を紹介するのは、あなたが殻から抜け出し、本気で取り組み、夢を実現するのを助けるためだ。これを全部活用すれば、時間・教育・資金不足を克服し、バカなアイデアを幸せな現実に転換することが簡単にできるはずだ。

①殻から抜け出す

- ●恐怖を克服する
- ●プライドを克服する
- ●先延ばし癖を克服する
- ●本気で取り組む

この4つの原則をすべて実行すれば、バカなアイデアの着手から継続的な行動へと進んでいける。分かりやすい例で考えてみよう。たとえば、ニワトリが卵を産まないでずっと胎内に宿したままだと、死んでしまう。

私たちのなかにも、自分が身動きできなくなる卵のようなものが存在する。

私たちは、自分にとって最も意味ある成功にいちばん重要な決定を下す自信と能力を身につけるため、成功への道で出会う障害を打破しなければならない。卵を体内に持ったままの不快さから自由にならなければ、本当の目標や希望が体内で窒息死してしまう。

②本気で乗り出す――ニュー・スマートになる5つのアクション

奉仕する　Serve
感謝する　Thank
求める　Ask
受け取る　Receive
信頼する　Trust

STARTは、Serve（奉仕する）・Thank（感謝する）・Ask（求める）・Receive（受け取る）・Trust（信頼する）の頭文字だ。本気でSTARTすれば、人間関係と信用と貢献という、不変の原則にしたがって行動することになる。本気でSTARTすることで、成功に必要な人脈（または信頼できる人のネットワーク）を構築し、タイミングをとらえ、成功をうまく拡大していく基礎ができる。STARTはあなたと他者を結びつけ、信頼を勝ち取り、世界に重要な貢献をする手助けをする。

③夢を実現する

●今ある資源を活用する

殻を破り、STARTのパワーを活用して信頼できるネットワークを構築することができたら、それは、最大限の努力を尽くして重要な目標に向けて自分を駆り立てるために今手元にある資源を活用する準備ができたことになる。その準備が整っていない場合に比べるともっと効果的に、目標に向けてまい進できるということだ。

バカなアイデアをスタートさせ成功に至った例を調査するうち、私はあることに気づいた。それはSTARTの原則を行動の最初の基盤として利用した場合、「バカ」げたアイデアがニュー・スマートの実現へと効果的に転換されるということだ。

STARTの原則は近道のためのいい手段でもなければ、地図やナビシステムでもない。手っ取り早く目的地に着ける近道は、底の浅い表面的なものだ。もし道に小さな突起があれば足を取られることになる。そんなお手ごろなノウハウは役に立たない。本章で紹介する原則はそれとは異質の、人生の生き方についての原則だ。

この原則を実践して生きると、成功への歩みが加速するだけでなく、想定しなかった障害が目の前に現われたときに上手に対処する堅牢な基盤を手に入れられる。本気でこれを取り入れれば、めざすべき重要かつ長期的な成功への歩みが早まる。

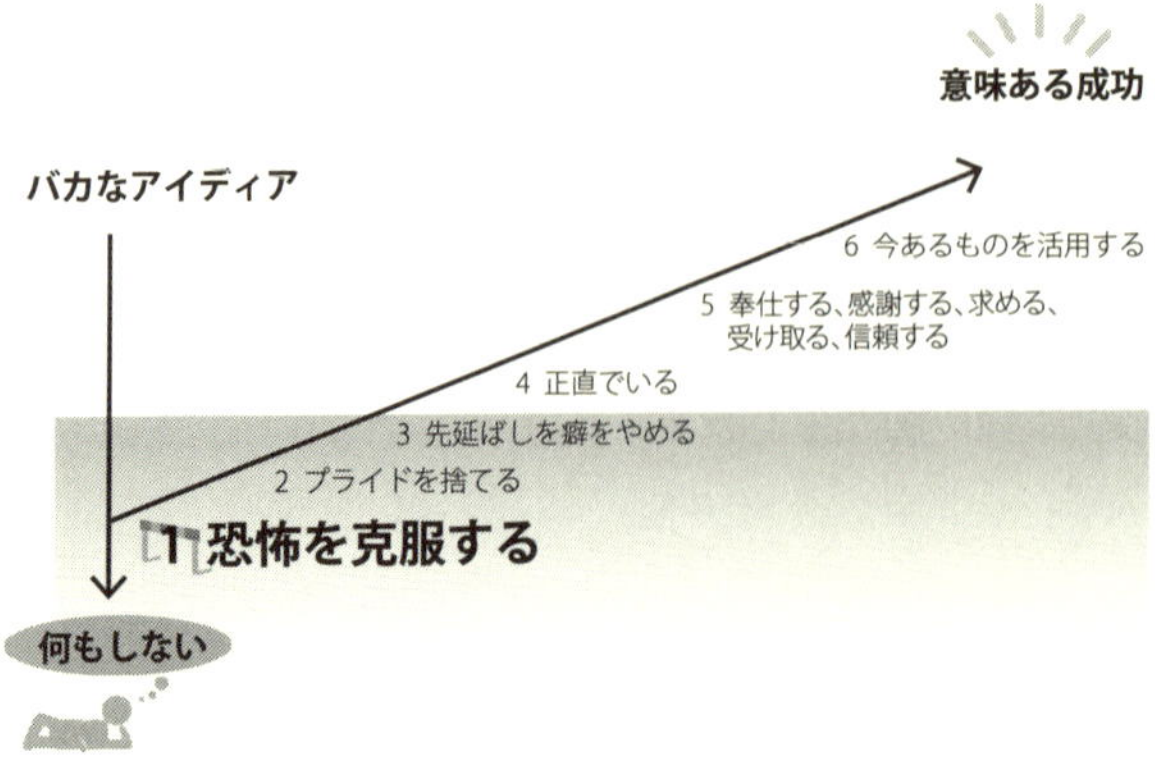

8 恐怖を押しつぶそう

強い恐怖を優れた成果に換える方法

自分が怖いと思うことを、毎日必ずやりなさい。

——エレノア・ルーズベルト

アンディー・ピアースは、「危険　遊泳禁止」と書かれた海岸の看板の前を通り過ぎ、寄せては叩きつけるように砕ける6フィートの波をかきわけ、ずんずん進んでいった。彼の目は水平線の高さ20フィートの波に向いている。

その日の午後、サンセットビーチで大波に果敢に挑んでいるのはごく少数の男たちだった。たった1人で沖へとパドリングしていても、ピアースは自信にあふれていた。その前日にワイメアビーチで乗った波に比べれば、まだまだ小さい。

巨大な波が沖からうなるように押し寄せてくる。ピアースは波を待つサーファーの列に加わった。風がかなり強かったので、ふだんよりも強いパドリングをして、波に乗るスピードを調節する必要があった。

だが、それでもスピードが足りなかった。パドリング姿勢からボードの上に足を載せたが、もう波の最頂部に出てしまっていた。波の先端に出たピアースの体は横倒しになった。そこへ上から大量の海水が襲いかかってきた。幸い、ピアースは水面に浮上し、体をボードに戻すことができた。

波に振り落とされても、ピアースはうろたえなかった。次の波は絶対に逃すものかと、かえって覚悟が強くなっただけだ。第二の波は最初より大きく、高く、強力だった。ボードに立つと、今度も後ろからの風に体がぐらついたが、両足でボードをしっかりと押さえた。15フィートほどの高さからボードに立ったまま落下した次の瞬間、ボードがピアースの体を突くように下からぶつかった。

それから波の頂上で体を強く押し上げられ、次の瞬間、波の底へと叩き落とされた。まるで急な滝のてっぺんから滝壺に投げ落とされたようだった。

爆発したように白く泡立つ海の中に落ちたとたん、高く飛んだボードが上からスピードを増して落ちてきた。ボードのエッジがまるで斧のようにピアースの右足を打ち、大腿骨をまっぷたつに折った。言葉にならないほど強い痛みが体中を走った。

永遠に続くかと思うほどの間、水中でもがいたあと、やっと水面に顔を出して息をし、大声で助けを呼ぼうとした。一瞬、離れた場所に別のサーファーがいるのが見えたが、自分の姿と叫び声に相手が気づいてくれたかどうか分からなかった。どちらにしろ、波が次々とすごいスピードで襲ってきていた。

ピアースは、インパクトゾーン（崩れた波が海面にぶつかる、波に最も力のあるゾーン）の真ん中で、なすすべもなく浮かぶことしかできなかった。そこへ次々と波が襲いかかり、そのたびにぞっとするほど長い時間水中に引っ張りこまれた。

ピアースはこう言っている。「どうしたらいいのか、何も考えが浮かばなかったんだ。『信じられない。こんなこと自分に起きるはずがない。ほかの誰かに起きるのなら分かるけれど』と思ったのを覚えている」

ピアースは1人で恐怖と混乱の中にいた。次に彼に起きたことは、こうだ。

次の波が体を岸のほうに押し戻したけれど、ビーチまではまだ180メートルくらいあった。ボードをつかんで、その上に腹ばいになった。誰も助けにこない。自分で岸まで行くしかない。でなければ、おぼれるだけだ。そこへ白い壁のような海水が目の前に現れて、行く手を阻んだ。折れた足が体の下でヘリコプターのプロペラみたいにグルグル回転するのを感じたよ。すさまじい痛みだった。そのとき、誰かがこちらにパドリングしてくるのが目に入った。その男が自分のボードから降り、「行くぞ」と言ったんだ。

幸運なことに、助けに来たのはジェイミー・ミッチェルという世界パドルボード大会で10回も優勝しているオーストラリアのライフガードだった。だが、ミッチェルの優れた技術をもってしても、ピアースを岸まで運ぶのは並大抵のことではなかった。

2人はまだインパクトゾーンにいた。パドリングで岸に進もうとするが、波が何度も何度も襲いかかってくる。2人はそのたび水に沈んだ。水の勢いで体が逆さまになり、円を描いて回転した。だが「ジェイミーは、けっして僕をサーフボードから落とさなかった。ボードのレールをしっかりつかんで、絶対に離さなかった」とピアースは言う。

ピアースを救助しようとパドリングで近づいてきたほかのライフガードやサーファーの力も借りて、ようやくビーチにたどりついた。「僕は生きていた」と、ピアースは私に言った。まるでたった今起きたできごとのような口調だった。声には畏怖と驚愕がこもっていた。「僕は生きていたんだ」

あなたがアンディー・ピアースだったら、再びサーフィンをするだろうか。

事故から何週間かして、ピアースは海に戻った。数カ月後には、またビッグウェーブに乗りはじめた(ただし、足には金属の棒が入ったままで)。以来ピアースは、またあちこちの海岸でビッグウェーブをつかまえている。

ピアースは死にたいのだろうか。それとも、単に恐怖を感じないだけなのか。

そうではない。ビッグウェーブはピアースに心底恐怖を味わわせた。「あんな巨大な波に出会えば、誰だって怖いと思う。それでも、サーファーはただ波に乗るだけなんだ」

そうは言うが、いったいなぜなのだろう?

最大の脅威

アンディー・ピアースを理解するには、まず恐怖というものの性質を多少なりとも理解しておく必要がある。

目標の達成における最大の脅威は、時間が足りないことではない。教育が不十分なことでも、コネがないことでも、資格がないことでもない。投入するお金や資材の不足でも、他人の不信や批判でもない。

私たちの直面する最大の脅威は、脅威を感じる対象について考えているうちに自分でつくりだしてしまう恐怖だ。もっとくわしく言えば、私たちの最大の脅威とは、恐怖を克服できないことそのものだ。繰り返すが、私たちが脅威だと感じるべきなのは状況や環境ではなく、脅威となる状況や環境に対する私たち自身の恐怖心だ。

恐怖を解消せずに放置すると身動きがとれなくなり、結果が出せなくなるのは、そのせいだ。目標を達成したいと思うのに、怖くてそれができない。恐怖心をおぼえると、感情的で信頼性のない、まったく不健全な心理のまま判断や決断をしてしまう。そんな判断や決断が、成功への道をふさぐバリケードになる。

ほかにも恐怖がもたらす本当の脅威がある。恐怖をうまく抑制し、克服できないと、私たちはとことん消耗してしまう。多くの人が立ち往生し、前に進めなくなるのは、実はそのためだ。間違った選択をすること、誤った方向に進むこと、周囲からバカだと思われることを恐れて、結局、どこへも進めなくなる。

つまり、人はやる気が十分にあれば、恐怖も十分に感じることになる。ハーバード大学の著名な教授クリス・アージリスはこう言っている。「成功に向かうやる気満々の裏には、同じくらい強い失敗への恐れがある」

恐怖は、成功への道の途中の橋の下に隠れた不気味な小人みたいなもので、迂回路はない。避けて通れない場所だ。どんな方法でもいい、自分に適した方法で恐怖を克服しようとしなければ、目標達成は不可能だ。

ここに重大なヒントが隠れている。やる気が恐怖と同じくらい強いのだとすれば、考え方を逆転しよう。すなわち、強い恐怖を克服するには強いやる気を持つしかない。恐怖をうまくコントロールし、克服する方法を学べば、目標達成につながる高いパフォーマンスを遂行する力が身につく。

「なぜ？」を追求する

人は、なぜ自分が怖いと思うことをやるのか。

アンディー・ピアースの話に戻ろう。ピアースはこう言っていた。「あんな巨大な波に出会えば、誰だって怖いと思う。それでも、サーファーはただ波に乗るだけなんだ」

だが、なぜだろう。この「なぜ」という問いかけが答えへと導いてくれる。

ピアースは、ビッグウェーブをとらえようとするとき、強いやる気を感じる。自分が大好きなことをしている喜びが、ピアースの「なぜ」への答えだ。巨大なうねりを追いかけて海に出ているときの感覚には、彼にとっては恐怖を乗り越えてでも得るだけの大きな価値がある。ピアースは、ほかの人が夢見るだけのことを実際に行動に移している。

あなたにとっての「なぜ」は、何か。やる気を感じるものに向かって自分が前進できる理由を発見することが、強い恐怖を克服する最大最強の方法だ。

それがなくても、しばらくの間は急場をしのげるかもしれない。だが状況が悪化し、波が砕け散りはじめたのを見て恐怖が頭をもたげたとき、恐怖と同じくらい強い「なぜ」が自分になければ、厳しい現実を知って初めて慄然とすることになる。

それでも、恐怖と背中合わせに存在する「なぜ」が恐怖よりも大きければ、恐怖はきっと克服できる。

高い目標には、同じように高い目的意識が必要だ。高い目的意識とは、あなたにとっての「なぜ」だ。あなたにとっての「なぜ」が、恐怖を目前にしてどう行動するかを選ぶときの拠りどころになる。自分がそれをする理由が希望と決意を生み、恐怖を感じたときの行動を選ばせる。

恐怖補償モデル――小さな勝利で恐怖を克服する

アンディー・ピアースは、初めて海に出たときに20フィートの波に挑んだりはしなかった。最初は小さな波に乗ることを学んだ。

長い時間をかけ、ボードから落ちる経験を何度も積んだ。小さな波での成功と失敗から、徐々に大きな波に向かう恐怖に耐える方法を学んだ。波打ち際で小さく砕ける波から頭の高さほどの大きな波へ、さらに20フィートの大波へというように段階を踏んで学習した。文字どおり痛烈な経験で「失敗した」ときも、海に戻るかどうかという迷いはピアースになかった。ピアースの「なぜ」は、恐怖よりも強かったからだ。

ここで、恐怖補償モデルと私が呼ぶものを紹介しよう。こう呼ぶのは2つの理由がある。

第一に、恐怖を補償で埋め合わせる必要がある。恐怖に対して、何かで釣り合いをとるというわけだ。恐怖を埋め合わせる何かをしなければならない。

第二に、恐怖は、うまく対処すれば埋め合わせをしてくれる。成功というおまけをくれる。

恐怖補償モデル：やる気が高まると、目標に向かうパフォーマンスラインに沿って恐怖も同様に上昇する。

やる気が高まると、目標に向かうパフォーマンスラインに沿って恐怖も同じように上昇する。恐怖補償モデルの最低点はやる気ゼロの状態だ。完全な無気力で、恐怖もゼロなら行動力もゼロだ。

この状態で、心配すべきことは何か。ここでは何をすべきか。

良い悪いは別にして、ここで心配すべきことは何もない。だが、誰だってまったくの無気力ではいられない。そして心の中の欲求や要求や目標が大きくふくらむと、恐怖も大きくなる。続けざまに障害が頭に浮かんでくると、何かを始めることの魅力はどんどん薄れていく。どうしたらいいのかさえ、分からなくなる。

すると、（意識的あるいは無意識に）恐怖を回避したい衝動が生まれる。恐怖を回避すれば、目標に向かって行動できなくなり、その結果、目標の達成は失敗する。

恐怖補償モデル：恐怖を打ち消し、パフォーマンスラインに沿って小さな勝利をひとつずつ積み重ねながら、最終目標に到達する。

では、希望や夢と同じくらい強い恐怖を感じながら、出発点のゼロ地点から（なかでも）恐怖のような障害を克服しながら、到達点に向かって上昇し、最終目標と願望を実現するにはどうすればいいだろう。

それには「小さな勝利」を手に入れることだ。

小さな勝利とは、心理学者のカール・ワイクが命名した言葉で、恐怖を打ち消し、恐怖に自由を奪われ無為に陥らないための手段である。まず、小さな目標に的をしぼり、小さな恐怖を克服することから始めて、徐々に最終目標の達成へと進んでいく。

ゼロから100まで、パフォーマンスラインを一気に駆け上って目標達成するには無理がある。泳ぎ方も知らないのに、ハワイの20フィートもの大波に乗ろうとするようなものだ。そうではなく、自分の目標に向かって、少しずつ歩みを大き

恐怖補償モデル：小さな波で成功と失敗の経験を積めば、徐々に大きな波に向かう恐怖の克服方法も学べる。

くしていこう。

恐怖をひとつずつ克服し、小さな勝利を手に入れては次の勝利へと進むうち、パフォーマンスラインを上へ上へと昇っていく。

恐怖もだんだん強くなるが、それを克服するのに必要なスキルも向上しているから、恐怖への耐久力も同じように高まっている。恐怖に打ち勝つとは、恐怖をゼロにするという意味ではない。恐怖をもっと処理しやすい小さな恐怖に分解して、ひとつずつに個別に取り組むということだ。

失敗したらどうなる

恐怖補償モデルからも分かるように、望みを高く持てば、そのぶん恐怖も強くなる。目標が高ければ、そこに向かう決意も強くなければならない。

少しずつ強まる恐怖をそのつど克服することで

自信が強まり、強くなった自信が目的意識——自分の「なぜ」を意識する気持ち——をも強くする。

恐怖は「バカ」なアイデアをスタートさせ、本当の意味の「目的ある人生」を生きようと前進するときに、意識的に決意して克服しなければならないものだ。

すばらしいことに、この原則で失敗しても大丈夫だ。あなた自身の「なぜ」が、もっと確かで揺るぎないものになるからだ。失敗するたび、自分の最も重要な「なぜ」を見直さざるを得なくなる。そして、自分のプロジェクトの背景にある究極の「なぜ」に立ち戻らざるを得なくなる。

そのたび、あなたとあなたの「なぜ」との結びつきが強くなる。小さな勝利と失敗や成功を通して、自分の「なぜ」との結びつきが恐怖以上に強まれば、たとえ失敗しても、また前進を続けられる。

怖いと思うのでなく、自分がそれをやりたいのだと強く思うことだ。

――ビル・コスビー（コメディ俳優）

大きな問題を不安の少ない小さな問題に作り変えるには、目に見える結果が出るごく普通のサイズでコントロール可能なチャンスを次々と見つけるといい。

――カール・ワイク（心理学者、「小さな勝利」と言う言葉を使った）

一見すると大事そうに見えない仕事にも全力を尽くすことをためらうな。小さな仕事をひとつ乗り切るたび、その分だけ強くなれるからだ。小さな仕事をうまくやれば、もっと大きな仕事も楽々とこなせるようになる。

——デール・カーネギー

夢の実現をさまたげるものがたった1つある。それは失敗を恐れる気持ちだ。

——パウロ・コエーリョ（『アルケミスト　夢を旅した少年』著者）

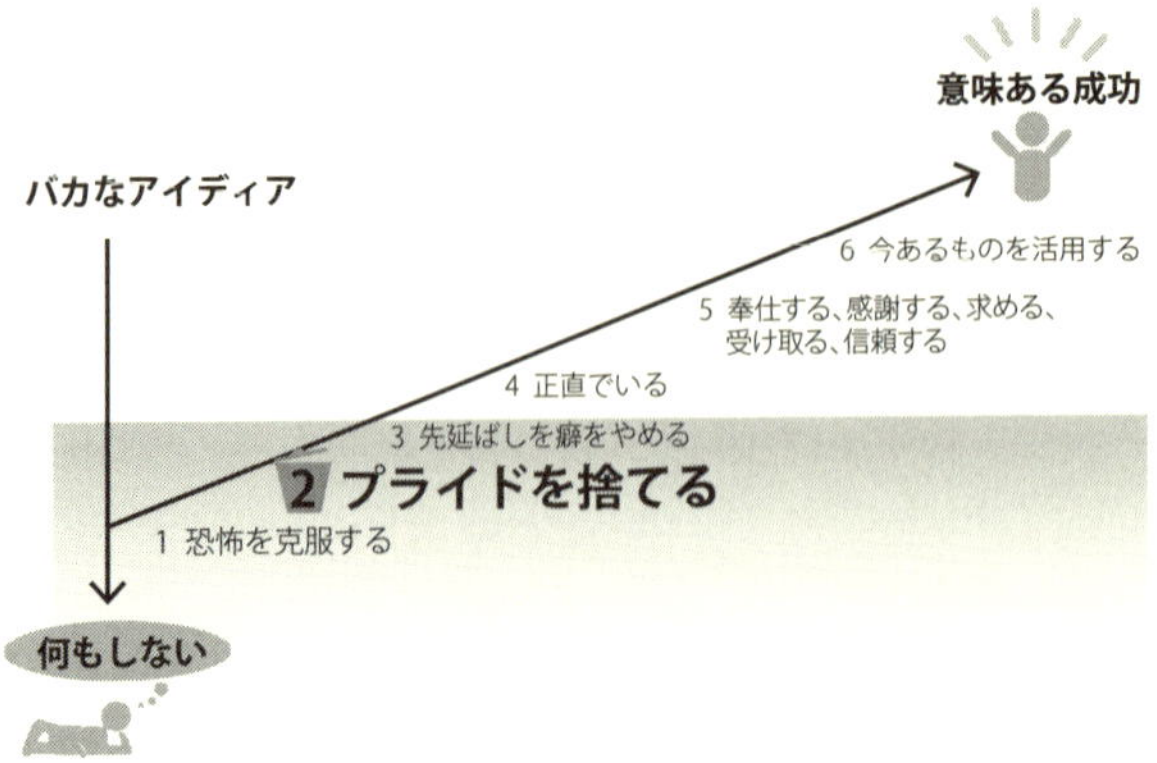

9 プライドを捨てる

謙虚パワーを選択する

息子を亡くすまで、私は自分が「成功」に向かって「スマート」な道を歩んでいると思っていた。ハワイで金融サービス会社の社長をし、空いた時間には不動産業と中小企業のコンサルタントもしていた。人生は順風満帆だった。

働く時間は自分で決められたし、家族のために使える時間もあった。時間の使い方には自由度が高かったので、理屈上は、自分の趣味や好きなことにもっと精を出し、人生の別の目標にも使う時間は十分にあった。

私は意識して、毎日24時間したいことをし、行きたい場所に行ける自由な人生を設計していた。自分の夢のとおりに生きていたはずだった。だが、実はそうではなかった。

望みどおりの生活ができる条件が整っていたのに、現実はそうしていなかった。自分の好きなことをしていなかった。

自分でも分かっていたが、バカな自分に立ち返ろうとしていなかった。本を書きたいというのが長年の夢だったが、その夢は棚上げしていたし、金融サービスに関する講演や発表はしていたが（どちらも私のやりたかったこと）、正直に言うと、金融サービス業そのものは本当に好きな分野ではなかった。居心地のいいぬるま湯生活に浸っていたのだ。

だから、毎日の仕事に心から情熱を感じていなくても、夢が本当は違うところにあったとしても、自分の人生はまずまずだ、これで十分だ、と自分に言い聞かせていた。

息子が死んだあとの私の気持ちは、人生が根底から崩れたなんて言葉ではとうてい表現できるものではなかった。愛する者の死は人生の些細なことなど何もかも吹き飛ばしてしまう。そして人生の最も重要なものだけを際立たせる。過酷な目に遭ったとき、自分の人生のごくわずかな部分だけが本当に重要だったと気づき、バカげた何かを始めることこそ、何よりも賢い（唯一の）ことだったとやっと分かる。

私には、息子の死から何週間も何カ月も、次に何が起きるかを座って待つ気などなかった。家族（特に子どもたち）が、足元から地面が崩れるような大きな悲しみに見舞われたのだ。だから私はバカなことをした。

まず金融サービス会社社長の座を降りた。妻と私はあらゆることを中断して、息子たちを連れて3カ月の癒しと冒険の旅に出ることにした。子どもたちを静かにさせておくためのDVDプレイヤーやゲームの類など何も持たずに、車でアメリカ全土を何万キロも旅し、国外にも足を伸ばした。私がいて、妻がいて、子どもたちがいて、あるのは自然と道路だけだった。

まずハワイのホノルルから出発し、フロリダ州オーランドへ行き、次にワシントン州シアトルへ、そこから北へカナダのカルガリーに向かい、今度はカリフォルニアのサンディエゴに南下した。キャンプやハイキングをし、自転車に乗り、釣りをし、ギターを弾き、笑い、泣き、すばらしい思い出を手に入れた。また、それとは別に自分だけの旅の時間も作った。忘れかけていた昔の夢を実行しようと思い立ち、親友の一人とコスタリカへ行ってサーフィンをした。

家に戻ったとき、これからは人生の大事な目標に無関係なことはやらないと決心した。それから数年間、（本書を書き上げるのも含めて）自分にとって最も大事なことだけに集中した。けっして簡単な決断ではなかった。世間は私の頭がおかしくなったか、気力を完全になくしたか（あるいはその両方）と思ったようだ。

それまでの人生のほぼすべてを手放すには、プライドも一片も残さず捨て去らなければならなかった。正直に言うと、何か問題が発生するたび決意どおりに行動するのは難しかった。

たしかに、ニュー・スマートな生き方をするには、（妻も私も）心底謙虚になり、勇気を奮い立たせなければならなかった。だが一歩を踏み出し、意味ある成功を追求するときの恐怖を味わう一方で、私は今、これまでの人生で最も満足感をおぼえているし、自分の人生が成功の時代に入ったと感じている。

プライドの破壊力

なぜたくさんの人間、企業、結婚生活がつまずき、はては帝国まで崩壊するのだろう。「慢心は没落のもと」ということわざがあるが、答えはそれほど単純だろうか。おそらく、あらゆる悪を支配するのがプライドなのだろう。そして、もしプライドが人類最大の罪悪の中枢に位置したら世界最強の破壊力を誇るだろう。

今ここで話しているのは、母親が子どもに感じるプライドでも、母国に対して抱くプライドでも、自分のひいきのチームが大試合で勝利を収めたときに感じるプライドでもない。人の目を曇らせ、歩みを止めさせ、周囲から孤立させるようなプライドについて話している。つまり、長期的な成功を手にするのを邪魔するプライドのことだ。

次のようなプライドのせいで、私たちは目標の達成が難しくなるし、夢を追えなくなる。

- バカだと思われることを恐れる。自尊心が強すぎる。
- 自分は経験豊かだと考え、それをプライドにする。権利意識をもっている。
- プライドが強いがゆえに、失敗者（成功に適さない環境）をけなす。
- プライドが強く、自分は特別な人間だと思い込む。「自分が成功するためには、他人に失敗してほしい」

プライドが邪魔をして、前に進めなくなることはよくある。だが、バカな人はクレイジーな何かを実行することが――たとえ、すべてを投げ捨て、ゼロから再出発することを意味しても――成功を勝ち取る方程式だと知っている。

どうやってプライドを捨てるのか

①自分のもろさを受け止める――バカだと思われることを恐れない

「恐怖」と「プライド」の境界線はほとんどないに等しい。プライドの中心にあるのは、バカだと思われることに対する恐怖だ。プライドは、何かをやめてしまうときの立派な言い訳になる。プライドの高い人は自分の成功を犠牲にしても、人から認められたがり、称賛されたがる。バカだと思われることへの恐怖の裏返しのプライドが頭をもたげれば、それはニュー・スマートの対極だ。そういう例をいくつか紹介しよう。

- ニュー・スマートは革新的⇕プライドは硬直化した融通の利かないもの。
- ニュー・スマートは型破り⇕プライドは現状打破を望まない。
- ニュー・スマートは恐怖を進んで受け入れる⇕プライドは恐怖に自由を奪われる。
- ニュー・スマートは批判者の声を気に留めない⇕プライドは他人の意見にがんじがらめにし

ばられる。

●ニュー・スマートは自分の心の声を信じる⇕プライドは自分の夢を犠牲にしても人の称賛をほしがる。

プライドの高い人は何でも知っているような顔をしたがる。自分が過ちを犯しはしないかとビクビクし、もっと悪いことには、自分の弱さが露呈するのを恐れる。こういう恐怖は危険を招く。なぜなら、この種のプライドに凝り固まった人は他人に助けを求めないし、人にものを尋ねない。現状を変えるような行動を取りたがらない。

こういうプライドを克服するには、自分のもろさも案外悪いものではないと思う必要がある。このことが理解できれば、絶えず学ぼうとする気持ちが出てくる。何よりも、自分を変える勇気が持てる。

ヒューストン大学ソーシャルワーク大学院のブレーヌ・ブラウン研究教授はこう言っている。「もろさは弱さではない……もろさは、感情のリスク、吐露、不安定さである。もろさが日々の活動の糧になる……勇気を測る最も正確な尺度だ。もろさから、イノベーション、創造性、変革が誕生する」。そして、このどれもがニュー・スマートの重要要素である。

自分のもろさを受け入れ、バカだと思われることの恐怖から生まれるプライドに打ち勝とう。

②覚えておこう——努力が成功というおまけをくれる

プライドは、自分に特権があるという気を起こさせる。プライドが動き出すと、最低限の努力で最大の成果を得たくなり、自分の思いどおりにならないとすぐにあきらめたくなる。だが、世の中はあなたの勝手なプライドなどにおかまいなしに動いていく。特権意識に染まっていると、この現実を簡単には受け入れられない。

今日どんなに努力しても、明日は明日の努力をしなくてはならない。

誤解しないでほしいが、私は、賢く努力して、最高の効果と効率を得ることには大賛成だ。ただし特権意識には危険がつきまとう。自分の努力が認められていないと感じるとき、努力がすぐに成果に結びつかないとき、あるいはその両方のとき、泣き言や自己憐憫に陥りやすいのだ。

私の好きなトーマス・ジェファーソンを引用しよう。「私は幸運というものの存在を本気で信じている。そして、努力をすればするほど幸運が多く手に入ると思う」

あなたは怠け者の同僚をもった経験があるだろうか。あるいは、世の中が不公平だと絶えず文句を言う誰かが身近にいたことはないだろうか。プライドゆえにそういう考え方や行動に陥ってしまう人は、友達を失い、チャンスも逃がすに違いない。

反対に、毅然と自分を律する職場の同僚と働いた経験はあるだろうか。いつも陽気で、感謝を忘れない楽観的な人が身近にいないだろうか。このタイプの人と一緒にいると元気が出るし、こういう人たちにはいいことがばかり起きますようにと願わずにいられない。こういう人たちはきっと成功するし、その成功に手を貸したくなる。そして実際に、彼らに喜んで手を貸すことができる。

あなたも彼らのような態度を身につけたいと思うはずだ。友だちが増え、良き師に恵まれ、チャンスも手に入る。腕まくりをし、感謝を表し、楽しく仕事に取り組んで、特権を与えられるのが当たり前というプライドにしばられた考え方と闘おう。

③自分の人生の責任は自分で取る――他人のせいにしない

妻の母は、娘の反射的な行動にとても厳しかったという。妻がまだ子どもだったころの話だ。

6歳くらいのころだったか、母に連れられて食料品の買い物に行ったときのことよ。私は大好きな甘いシリアルが欲しかったのだけれど、買ってもらえそうもなかった。わが家では誕生日かキャンプ旅行みたいな特別なとき以外、お砂糖の入ったシリアルは買わないことになっていたから。

母がダメよと言ったので、私は反射的に泣き出してしまったの。そのとき自分が何をしたかよく覚えていないけれど、まだ6歳とはいえ、かなりみっともないふるまいをしたんじゃないかしら。お砂糖の入った朝食はダメと言う母親なんてひどすぎるとかなんとか言いながら、かんしゃくを起こして、勝手な不平をまくしたてたわ。

しばらくして私はようやく黙ったのだけど、その間ずっと母は何も言わないで立っていたわ。落ち着きはらい、まったく動じなかった。私のふるまいを恥ずかしいと思っていたとしても、そんなそぶりはいっさい見せなかった。どうしても母を怒らせたくて、最後の最後に私は泣きながら大声でこう言ったの。「ママ、私が怒ってるのはママのせいなのよ！」

すると、これでもかというほど穏やかな調子で母は答えたわ。「ちょっと待って。ナタリーが怒るとき、本当にナタリーを怒らせているのは誰かしら」

私は生まれてからずっと、この見事な母にいろいろ教わってきたけれど、今でも感謝しているのがこの日のできごとなの。その日、スーパーマーケットで、自分のふるまいの責任は自分が取るしかないと母に教えられたのよ。たとえ何があっても、自分の責任者はいつも自分なのだと。

自分の人生の責任は当事者である自分が負うという「当事者意識」は今、絶滅に瀕している。今の世の中、誰もがなんでも人のせいにしようとする。人を非難することで感じるプライドは、何も行動しないことを正当化する危険なプライドだ。いつだって他人のせいなどではない。

●「両親が離婚したせいで、自分の結婚生活もうまくいかない。結婚生活をうまくやる方法を知らないから」

●「上司が自分を嫌っているから、昇進できない。最低な上司だ」
●「彼女は取り入るのが上手だから、私を差し置いて昇給した」
●「両親が金持ちだから、あいつは成功している。うちの親は貧乏だったから、自分の人生はうまくいかない」
●「彼女は洗練された美人だからみんなに好かれる。私はああじゃないから、一人ぼっちだ」

どの例を見ても、人のせいにすることで自分が変わらないことの言い逃れをしている。自分でコントロールし、前進させられるものごとに当事者意識をもって取り組まないで、環境や状況のせいで自分は動きが取れなくなったと思っている。

あなたがたいへんな悲劇を経験したというのなら、心からお気の毒だと思う。だが覚えておいてほしい。あなたは悲劇に耐えたのではなく勝利したのだと。そのおかげで、人生を先へと歩みながら、過去の勝利をもっと大きな勝利に変える選択も可能になった。いつまでも過去にとどまっていても、誰も祝福してくれないし、自分が惨めになるだけだ。さらに困ることは、あなたの可能性そのものが押しつぶされることだ。

自分が人生の当事者だとつねに意識すれば、つまらないプライドから解放される。伝説のビジネスコンサルタント、ジム・コリンズは著書『ビジョナリーカンパニー』（日経BP社）の中で、偉大な企業になるには何が必要かを教えてくれている。5年におよぶ徹底的調査によって、コリンズ率いる研究者チームは、予想外の発見をした。

その調査データから得られた驚くべき結論によると、最も偉大な企業には、コリンズの言うところの「レベル5のリーダーシップ」があるという。

コリンズはそのリーダーを、「矛盾しているようだが、個人としての謙虚な姿勢と、プロとしての意地が共存している」と評している。「レベル5のリーダーは、窓の外に目をやり、成功の原因は自分以外にあると考える。ただ、ものごとがうまくいかないときは、鏡を見て、自分の非を認め、全責任を負う」という。

反対に、偉大とはいえない企業のリーダーは、「その逆をいくことが多く、鏡を見ては成功の手柄を自分のものとし、一方で、窓の外に目をやり、期待外れの結果の責任を他人に転嫁する」


自分の人生の当事者は自分だ。非難や思い上がった言い訳は不要。

④「豊かさマインド」でいこう――他人の失敗で自分の成功を証明しない

プライドの背後には、どうしても自分が最高でないと我慢ならないという欲深い願望が隠れていることがある。このプライドの犠牲になった人は、自分が他人よりもどれだけ成功しているかで、自分の成功の正当性を測ろうとする。

あなたは、自分をよく見せようとして、他人を貶めたことがあるか。

あなたは、トップに立つには他人を踏みつけにしても仕方ないと思うか。
あなたは、誰かが失敗したことを、内心（または、おおっぴらに）喜んだことがあるか。

こういう感情や行動は「欠乏マインド」のなせるわざで、その背後にはプライドが隠れている。欠乏マインドは「全員に行き渡るほど十分にない」とか「チャンスはまれで、めったにやってこない」という考え方だ。

今、私とあなたが公園のベンチに座っているとして、あなたに向かってこう言ったら、どう思うだろうか。「今すぐ息をするのをやめてくれ。でないと僕の空気が足りなくなる」

欠乏マインドも、これと同じくらいバカバカしいことだ。プライドから生まれる成功願望は、分別を失わせる。そして愛情、幸福、成功のようなものを消耗品だと考えるようになる。「他人が恵みを受ければ受けるほど、自分のための恵みが減る」というように。

スティーブン・R・コヴィーが巧みな表現でこう言っている。

欠乏マインドの人は、人生とはたくさんのものを持つことだと考える……彼らは評価や賞賛、権力、利益を分かち合うのが極端に苦手だ……また、他人の成功を心から喜べない。

豊かさマインドはその逆で、心の奥底にある個人的な価値観と安心感を出発点にする考え方だ。ものは全員と分かち合うだけ十分に存在するという考え方で、名声、評価、利益、決定を共有しようとする。その結果、可能性、選択肢、代替手段、信用が広がる。

豊かさマインドは、まさにニュー・スマートな考え方だ。意識して豊かさマインドにもとづく行動をすれば、「可能性、選択肢、代替策、創造性がひらける」。このどれもが、ニュー・スマートの別名だ！

世の中は豊かだと考えることで、プライド問題が克服でき、同時に（そして、たちまち）自分の人生に納得し、強い満足感も得られる。対立ではなく協力によって、成功との距離が縮まり、ニュー・スマートとニュー・スマートがもたらすチャンスを受け入れやすくなる。

プライドのとりこにならない――謙虚パワーを活用する

「プライド」と「自信」の境界線はあいまいだ。ちょうど「謙虚さ」と「弱さ」の違いのように、正しく理解するのが難しい。だが、誤った理解のままでいるのはもう終わりにしなければならない。さもないと、最高の成果を出すチャンスを逃してしまう。

謙虚から出てくるパワーがある。もう一度『ビジョナリーカンパニー』から引用すると、著者コリンズは、偉大なリーダーは「その決断がどれほど厳しく困難であっても、偉大な企業になるためには何事もいとわない、と固く心に決める」と言っている。

要するにコリンズは、優れた成果を出すリーダーは、個人的な利益の追求やプライドに邪魔されることなく、会社の最も優れた長所を見いだす能力を備えていると言っている。それが謙虚ということであり、その意味での謙虚さには弱さはまったくない。このタイプの謙虚さは、ものごとを見抜く力、勇気、自制心、誠実さの表れである。こういう謙虚は、ビジネスと人生の有力な財産であって、平凡、中庸、卑下を意味しない。

本当の意味での自信はたしかに必要だし、自信を高めることに努めなければならない。仕事の遂行能力に対する本物の自信は、できるかぎり最高の成果を出そうとするときの必須要素だ。その点で、自信はプライドとは明らかに別物だ。ただし、自分の遂行能力に自信があるからといって、過信してはいけない。

最高のパフォーマンスと成功のために自信を持つことが重要だと理解するには、まず、エゴについて正しく理解しなければならない。「エゴ」という語には、たいていネガティブな意味がある。『*Egonomics*』の著者デイヴィッド・マーカムとスティーブン・スミスは、エゴの「二面性」についてこう述べている。「エゴは貴重な財産であり、そして実に厄介なものでもある」。また「適度なエゴは本来ポジティブなもので、健全な自信と野心を生む一方、不安や恐怖や無関心を追い払ってくれる」とも言う。だが、エゴは「野放しにすると」危険だ。

エゴは適度な謙虚さによってコントロールされていれば、自信、イノベーション、勇気（どれもニュー・スマートの重要要素）という形の高パフォーマンスを遂げるのに役立つ。だが謙虚さの伴わないエゴは、プライドに牛耳られ、私たちの最大の長所さえ最も危険な弱点に変えてしまう。「自信」が「自己陶酔」に、「革新的」が「非現実的」に、「勇気」が「無謀」に変貌してしまう。

エゴを野放しにし、プライドを好き勝手にさせておくと、プライドのとりこと呼ぶべき状態に陥る。プライドに囚われた状態は、最高の成功を実現する障害になる。なんとしても避けなくてはならない。

代わりに謙虚パワーを利用すれば、プライドのとりこ状態からくる望ましくない結果が避けられる。謙虚というパワフルな手段を手に入れるには、つねにエゴを抑え込むことだ。

謙虚パワーの活用法は次のとおり。

●バカだと思われるのを恐れるプライドを捨て、進んでニュー・スマートになる勇気をもつ。
●自分はできるかぎりのことをしたと主張するのをやめて、もっと努力する。
●自分が成功できないことを他人のせいにしないで、当事者意識をもつ。
●人の失敗を望まないで、人の成功を応援する。

謙虚パワーという代替手段を活用し、ビジネスと人生のあらゆる局面でもっと満足感と成功を手にしよう。

自分はまもなく死ぬと意識することが、人生における大きな選択をするときの最大の判断基準になった。周囲の期待、プライド、気まずさや失敗への恐怖など、ほぼあらゆることは、死を目の前にすればたいしたことではなく、本当に大切なものだけが残るからだ。

――スティーブ・ジョブズ

人はプライドを持つと、現状を維持したくなる。何かを変えることも、別の場所に行くこともしたがらない。

――ヘイル・ドゥオスキン〔『人生を変える一番シンプルな方法』（主婦の友社）の著者〕

少しだけ達成したいのなら、少しだけ犠牲にすればいい。多くを達成したければ、多くの犠牲を払う必要がある。高みに到達したければ、それに見合った犠牲を払わなければならない。

――ジェームズ・アレン〔『「原因」と「結果」の法則』（サンマーク出版）の著者〕

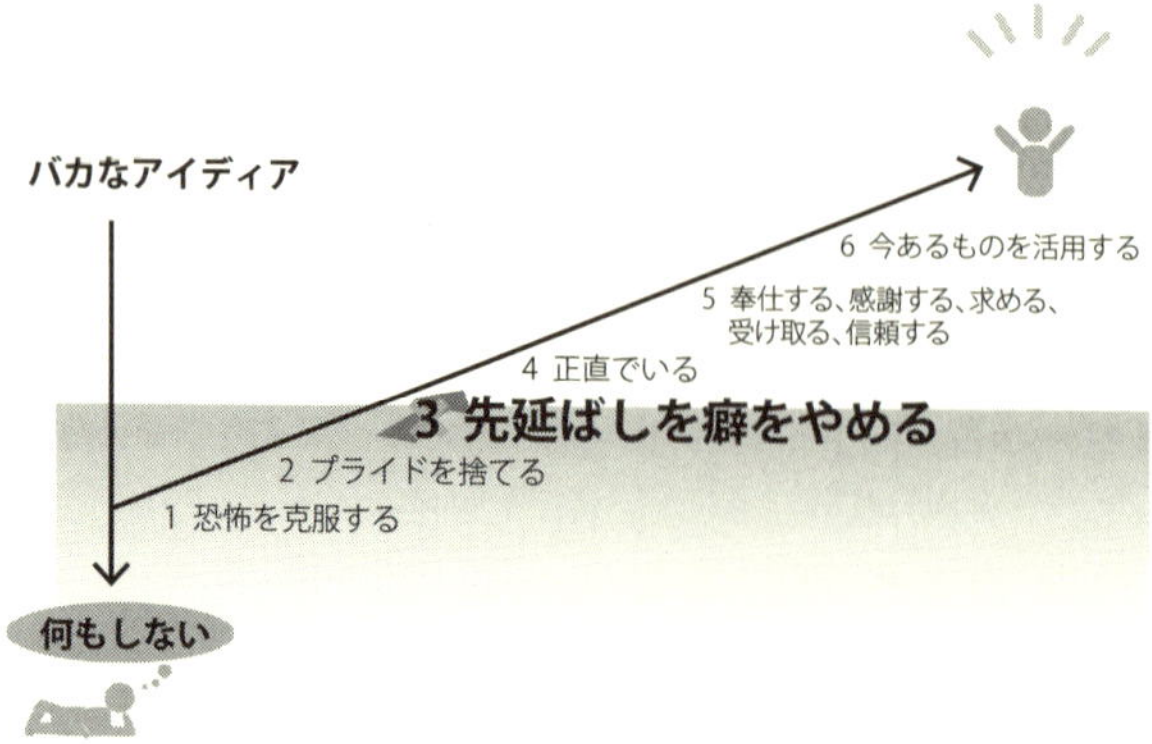

10 先延ばし癖を克服する

自分で自分がいやになる。好きではないことばかりしていて、自分が本当にしたいことはしていないからだ

――使徒パウロ

以前、ホノルルで開催された企業の教育講座に参加したことがある。そのとき、ある企業CEOも遠方からこの講座に参加していた。講座が終わると、そのCEOは、明日は家族や友人たちとチャーター船でクルージングをするので一緒に来ないかと私と妻を誘ってくれた。光栄な招待だったし、正直言うと、このCEOと個人的に親しくなれるチャンスができてワクワクした。

私の家は港から1時間くらいの距離にある。当日は約束の時間に間に合うよう、かなり早めに家を出る計画をしていたが、朝になると、次々とやるべき用事が出てきた。その「大事な」用事を急いでやっているうち、出発時間がどんどん遅れていった。

皮肉なことに、その大事な用事が何だったか今はもう思い出せない。覚えているのは、妻と2人で桟橋にたたずんで岸に沿って進む船が岬を回って見えなくなるまで見つめていたことだ。私はやるべきことを先延ばしにし、文字どおり好機を逸してしまった。

先延ばし癖は、人生でいちばん大事なものを失わせかねない。先延ばしとはつまり、チャンスを逃すリスクを冒すということだ。

なぜ、人は先延ばしをするのか

問い：ノーベル賞を受賞した経済学者が荷物を郵送するのに、どのくらいの時間がかかるか。

答え：8カ月。

ノーベル経済学賞の受賞者ジョージ・アカロフは、自分の経験を次のように書いている。

数年前、1年間インドに滞在していたとき、親しい友人のジョセフ・スティグリッツが訪ねてきた。スティグリッツが帰国する段になって、機内持ち込み荷物に重量制限があることが急に分かり、彼は衣類をひと箱、アメリカに送ってほしいと私に託して帰っていった。郵送の手続きに時間がかかることや事務処理が苦手なことから、これを片づけるには、まる1日はかかりそうだと思った。

それから8カ月というもの、私は毎朝目を覚ますたびに明日の朝こそスティグリッツの荷物を送るぞと決心するという日々が続いた。とうとう自分のアメリカ帰国が決まり、一緒に帰る別の友人の荷物がかなり大きかったので、そこにスティグリッツの箱も入れてもらうことにするまで、ずっと。

当時を振り返ったアカロフは、荷物の発送を先延ばしにしたことに「なんの合理的採算もなかった」と気づいた。

私は、2つの理由から、このエピソードをよく引用している。

1つ目の理由は、私たちが何かを先延ばしするときのまったく非合理的な考えに注目してほしいからだ。たとえば、明日になったらやろうと言いながら、実際は何もしないで、また翌日同じことを考えるような一貫して非合理な決断は、中毒症状に陥った人の非合理な決意と似ている。

アカロフは言う。「慢性的な肥満者や薬物乱用者は、依存の長期コストが利益を上回ることに気づいているので、本気で薬物や食べ物の摂取を減らそうとしている。やめる気はあるのだ――ただし、やめるのを明日に回してしまう」

私たちも、ひらいめいたアイデアを先延ばしにする「長期コスト」が「利益を上回る」と分かっている。それでもなぜか先延ばしをしてしまう。この非論理的な行動が最高の人生を生きる邪魔をするのだ。

2つ目の理由は、誰でも必ず先延ばしするものだという話をしたいからだ。これは当たり前のことだが、やはり第一の理由と同じくらい重要だ。

私たちは、先延ばしをする自分の弱さ、欠陥に苦しむ。けれど、人並み外れて優秀な人たち——たとえばノーベル賞受賞の経済学者でさえ先延ばしをするという事実を知れば、意気消沈するのをやめて、この破滅的な習慣に打ち勝つパワーを見つけることに精を出せるだろう。

先延ばしにまつわる2つの神話

第一の神話： 先延ばしをする人は怠惰である。

現実： 先延ばしをするのは、ワーカホリックが多い。

マイク・ミハロヴィッチは、起業と執筆で成功した人物だ。毎日24時間、週に80時間働く自分を誇らしく思っていた。ところが1日の労働時間を9時から5時までに大幅に短縮したところ、おもしろいことが分かった。

ミハロヴィッチはこう言う。「皮肉だが、毎日必ず5時に会社を出ることにすると、自分の時間の使い方がまったく変わった。しじゅうEメールをチェックしたり、（調査が目的だとか言って）インターネットであちこちのサイトを覗いたりするくだらない気晴らしが減り、その時間に本気で仕事をするようになった。1時間あたりの生産性は急上昇した！ 9時から5時まで働いている今のほうが、ワーカホリック時代よりたくさん仕事をこなしている」

『小さなチーム、大きな仕事』（早川書房）の共著者であるジェイソン・フリードとデイヴィッド・ハイネマイヤー・ハンソンはこう書いている。「結局、ワーカホリックは、仕事中毒ではない人より多くの仕事をしていない。彼らは、自分たちは完璧主義者だと主張するかもしれないが、それは、次の仕事に取りかからないで取るに足らぬことに固執して、時間を無駄遣いしているにすぎない。仕事中毒者はヒーローなんかではない。危機を回避する英雄ではなく、ただ日々を浪費しているだけ。本物のヒーローは家庭にいる。それは女性だ。家庭の雑用をあっという間に片づけることができるのだから」

第二の神話：先延ばしをする人は、先を読んでいる

現実：「先延ばしをする人は、今のことしか考えていない」

先延ばし人間は、臨場感に浸ることに毒されているため、結果がすぐに出る満足感のない仕事

に取り組むのが苦手だ。臨場感中毒症のせいで衝動に駆られやすいし、ほかのことを先延ばしにする。

『ヒトはなぜ先延ばしをしてしまうのか』（ＣＣＣメディアハウス）の著者ピアーズ・スティールは「大勢の人を対象にした数多くの調査から、衝動が……先延ばしに深く関係していることが分かった」と述べている。つまり、皮肉なことだが、先延ばし人間は今という時間に生きているのだ。

私たちは先延ばしをするとき、夢の実現に使うスペースを取ろうとしないで、目の前の仕事の処理に明け暮れる。先延ばしは、高級レストランに行ったのにパンでお腹をいっぱいにしてしまい、ごちそうが食べられなくなるのと似ている。

哲学を専門とするジョン・ペリー教授は先延ばしについて次のように語っている。

先延ばし人間は何ひとつ仕事をしないわけではない。かろうじて役に立つことはしている。たとえばガーデニングだとか、鉛筆を削るだとか、時間ができたときにファイルを整理するための整理法を図にするだとか、だ。

先延ばし人間はなぜこんな行動に出るのだろう。それはもっと重要な仕事をするのを避けるためだ。先延ばし人間に鉛筆削りという仕事だけ与えたら、どんな手を使ってもやらせるのは無理だろう。

ただし、先延ばし人間はある程度重要かつ困難で、緊急にやる必要のある仕事を任せられると、がぜんやる気を出す。

誤解しないでほしいが、今を生きることは悪いことではない。だが、学んでほしいのは、今最も重要なことに取り組む生き方だ。重要でもない作業に時間を注ぎ、いちばん大事な作業を絶えず明日に回すような生き方をしていると、先延ばし癖のせいで、最も重要で最も満足感を与えてくれる人生のチャンスをつかみそこなう。

先延ばし癖を理解する

辞書の定義、ラテン語の語源、職業行動に関する研究、学術雑誌をもとに、私なりに先延ばしというものを定義してみた。

要は、先延ばしとは、重要な何かを後回しにすることを選ぶ非生産的活動である。常習的な先延ばし人間にとって、「先延ばし」癖を理解することは自分自身を理解することだ。先延ばしするときに実際に何が起きているかが分かれば、先延ばし癖の原因もよくわかる。原因を突き止めれば、合理的な防衛手段も講じやすい。私の個人的経験を例にお話ししよう。

私は特に執筆活動のときに先延ばし癖に苦しむ（私を担当している編集者リサは「そのとおり」

と証言してくれるはずだ）。先延ばしをテーマにした修士論文の著者が自分の後悔について書いているので、紹介しよう。「論文執筆中にふさわしい言葉が見つからないとき、代わりにゲームでもして楽をしたくなる」。まったく同感だ。

執筆していると一語も書けなくなることがある。そういうとき、書くことから逃避するために洗濯や皿洗いや買い物をしたりする。正直に言うと、書く代わりに、外食やサーフィン、ギター、家族で外出など、自分の好きなプチぜいたくを選ぶこともある。

皮肉な話だが、書く作業ではさんざん苦労しているのに、それでも書きたいという気持ちは消えない。書くことは好きだ。けれども先延ばしもする。使徒パウロの言葉をもう一度引用しよう。「自分で自分がいやになる。好きではないことばかりしていて、自分が本当にしたいことはしていないからだ」

書く代わりに私が選ぶのは、生産的なこと、気分転換、ＴＯＤＯリストに並んでいる用件の一つなどが多いのだが、結局、私は自分で自分を最も重要なものから遠ざけている。理由や方法はどうであれ、先延ばしは間違いなく私にとって障害だ。

私は、自分の行動の矛盾について考えるうち、自分が書けないと思うときや、書いているものに関連する調査やデータ収集が大変になると、いつも先延ばし癖が忍び寄ってくることに気づいた。自分の先延ばし傾向がわかったので、今はそれを避ける努力を意識してやっている。

あなたは先延ばし人間か

先延ばし人間の多くは、自分がたいして重要でない作業に時間を費やし、自分の人生の最重要事項から目を逸らしていることをはっきり自覚している。だが、先延ばしパターンに首までどっぷり浸かっていることは、自分では気づきにくい。時間がないせいで、今は最重要の目標に取り組めないと思い込んでいるのだ。「どうしてもやらなければならない用件に時間がとられて、いちばん重要なこと――自分がいちばんやりたいこと――ができない」というふうだ。

もちろん、先延ばしは些末な用事にばかり使われるわけでない。大事な用件に大事な時間をつぶされることも多い。それでも、自分の人生の最重要事項を先延ばしにするなら、あなたは先延ばし癖の餌食になっているのだ。

先延ばしの理由がなんであろうと、結果は同じ。「先延ばしはチャンスを埋葬する墓場である」。先延ばし癖に打ち勝たなければならない。さもないと、人生で最も大切なものを先延ばし癖に奪われてしまうだろう。

先延ばし癖を克服する

先延ばし癖に勝つためのステップを紹介しよう。

ステップ① 時間をつくる

意識して、自分の最重要目標に向かう時間を、ほかの時間とは別につくろう。パーキンソンの法則によれば、「仕事の量は、完成のために与えられた時間をすべて満たすまで膨張する」。このとおりなら、最も大事なことに使う時間をつくらなければ、日々の重要でもない用件が1分1秒を奪い、人生の大事な夢を追う時間は残らない。

ステップ② 単純化する

先延ばし癖を克服するということは、1日にもっともっと多くのことをやれという意味ではない。そんなやり方では、成功に至るまで身がもたない。先延ばしをやめるとは、人生をもっと単純にし、いちばん大事な活動のためのスペースをつくるということだ。

有名な芸術家ハンス・ホフマンがかつてこう言った。「ものごとを単純にする能力とは、不要なものを排除して、必要なものがモノを言えるようにすることだ」。同じように、先延ばし癖をやめるには、人生における不要な作業を排除し、人生の大事な目標の達成に必要なことに使うスペースをつくらなければならない。

あなたは、普段、時間をどう使っているだろう。時間の使い方を記録してみよう。あなたが今取り組んでいるプロジェクト以外のために使った時間を記録するのだ。たとえば、インターネットで時間をつぶしてばかりいるのなら、インターネットに費やした時間をタイマーで測る。これだけで、実に多くの人が目を覚ます。

私の場合は、仕事に集中するため、アラームをセットして15分ごとに鳴らす。アラームが鳴るたび、自分が生産的に作業したか、時間をムダ遣いしていなかったか、チェックする。そして、集中力が増してトランス状態に入ったら、アラームを止め、心ゆくまで作業に没頭する。

ここでの最終目標は、雑草を抜くように不要な作業を取り除くことにある。ここで注意してほしいのだが、自分の人生から楽しい時間を排除するという意味ではない。楽しいと思える活動はエネルギーの源になる。楽しい活動は、苦労の多いきつい仕事の合間の休息だ。目標に向けて着実に前進していくときになくてはならない。

人生を単純化するとは、先延ばしの罠にはまるのを避けるため、スケジュールから仕事以外の何もかもを排除しなさいという意味でもない。単純化とは、意識して「余計なものを除去」して最重要事項のためのスペースを作るということだ。

以下のステップ③からステップ⑥までで、とっぴょうしもないアイデアに取りかかるときの先延ばし癖を克服するための「4P」についてお話ししよう。「4P」とは、アイデアの公表（make Public）、計画（Plan）、楽しみ（Pleasurable）、苦しみ（Painful）だ。

ステップ③　バカなアイデアを公表する

自分がこれから何を始めようとしているか、公表しよう。口に出し、結果責任を負うことで大いなるパワーが得られる。

どうやって自分が結果責任を負うかは人それぞれ違うだろう。ツイッター、フェイスブック、ブログなどを使って自分の計画を公表しようと考える人もいるだろう。彼らは、仲間内に知られることがいい刺激になる人たちだ。逆に、信頼する友人ひとりに話をするほうがいいと考える人もいるだろう。

アイデアを公表するには、結果責任を負う相手が必要だ。あなたの知り合いの誰かがあなたに責任を負わせるというのではない。あなたが約束を破ると、計画を打ち明けておいた人やグループに合わせる顔がないと感じる、それが結果責任を負うということだ。誰かに叱咤激励してもらうより、効き目がある。

ステップ④　バカげたアイデアに関する計画を立てる

夢は期限がないと実現しないものだ。私たちは、夢を追わないでつい別のことに時間を使ってしまう。なぜなら、夢以外の日常の雑事には期限があるからだ。請求書には支払期限があるし、仕事にも期限がある。子どもが生まれるときでさえ予定日がある。あなたの夢に期限が切られていないなら、十中八九、それは実現しないまま終わるだろう。

先延ばし癖を克服するため、自分の目標に合ったパフォーマンス計画を立てよう。

大きい目標を管理しやすい複数の小さい目標に分割する。この小さな目標を、経営管理の第一人者たちは「S.M.A.R.T.」と呼んでいる。

- Specific（具体的な）：小さな目標は、無事に完了したことが確認できる期待値を具体的に決めておかなければならない。
- Measurable（測定可能な）：進捗を効果的に測定するシステムが存在しなければならない。
- Attainable（達成可能な）：小さな目標は、現実的なものでなければならない。
- Relevant（重要な）：小さな目標はそれぞれ、あなたの最終目標の達成に貢献する重要なステップでなければならない。
- Time-bound（期限を定めた）：小さな目標に期限を定めなければならない。

自分のS.M.A.R.T.の目標達成に使う時間を別にとっておこう。「今週は3時間使って、目標に向けて努力する」という言い方ではダメだ。もっと具体的な言葉を使う。「月曜日と水曜日と金曜日の午前8時から9時までは、○○○のために使う」

自分の計画を公表した相手の協力を得て、小さな目標の完了期限が来たら、進捗度をその相手に正直に報告することを義務づけておく。この手順に従えば達成しやすくなるはずだ。

ステップ⑤　楽しく取り組む

順調に作業を進めながら先延ばし癖をぶり返させないため、途中で自分にご褒美をあげること。ご褒美は楽しくてすぐに実現できるものがいい。映画に行く、一緒にいて楽しい人と過ごす、お気に入りのレストランで食事する、などだ。休暇旅行のような大きいご褒美でないほうがいい。ただし、すぐに休暇を取る予定が決まっている場合は、それでもかまわない。

楽しみは複雑でなくていい。たとえば、インターネットは先延ばし癖を誘いやすいが、インターネットなしでは生きていけない人は、今の作業が完了したらインターネットにログオンしてもオーケーだと、自分で自分にご褒美を出す。あなたがフィットネス中毒なら、仕事が片づいたら運動をしてもいいと自分に許可する。こうすれば、やるべきことを前進させられるだろう。

ステップ⑥　苦しさも必要

期限までに作業を完了させられなかったら、自分にペナルティを与えよう。自分の嫌いなものをペナルティに使うのもいいし、自分が大切にしている特権や持ち物をあきらめるというペナルティもいい。どちらにしろ、やる気を維持するためのペナルティを考えること。

苦労して稼いだお金を使うのがいやで先延ばし癖がやめられる人は、スティックK（www.stickK.com）のようなサイトを利用してはどうだろう。このサイトは、先延ばし癖をやめ、目標達成を支援する画期的なサービスだ。

同社のウェブサイトにアクセスし、目標を決めて登録し、送金する。これで、目標達成のやる気を起こさせるというしくみだ。利用者は自分の目標を公表して、有言実行の義務を負う「レフェリー」を選び、応援サポーターを集めてもらうこともできる。

スティックKでは、もっとやる気を出したい人のためのサービスもある。目標を達成できない場合、きらいな団体に寄付すると約束させるのだ。スティックK創設者の1人、ジョーダン・ゴールドバーグは言っている。「多くの人が、『やる気がいちばん出たのはどれだか分かりますか』と私に尋ねる。『ジョージ・ブッシュ図書館やビル・クリントン図書館に寄付させられるかもしれないと思ったら、やる気が出た』そうだよ」

今、本書の執筆時点での同社サイトの統計によると、計115万ドルが集まり、17万1000人が目標達成を誓い、30万時間がエクササイズに使われ、250万本分以上のタバコの禁煙が成功しているそうだ。

先延ばしのアイロニー

先延ばしの皮肉な点は、これが少しも楽しくないことだ。何かを先延ばしすれば、本来やるべきだったことが分かっているだけに、心配、不安、後悔に時間とエネルギーを使うことになる。

先延ばしは人生で最も大事な夢の実現を阻むだけでなく、時間を台なしにし、満足感も奪う。もうそんな生き方はやめにしよう。明日に依存するのはやめよう。今日こそが実行の日だ。

何ごとでも、時間を作ろうとしなければ、そのために使う時間なんて見つからない。

——チャールズ・バクストン（英国の社会改革者・博愛主義者）

何よりも大事なことが、重要でないほかの何かに左右されてはならない。

——ヨハン・ウルフガング・フォン・ゲーテ

あなたが何かを本当にやりたいのなら、誰にも止めることはできない。だが、あなたが何かを本当にやりたくないのなら、誰も手助けはできない。

——ジェームズ・A・オーウェン（著者・講演者）

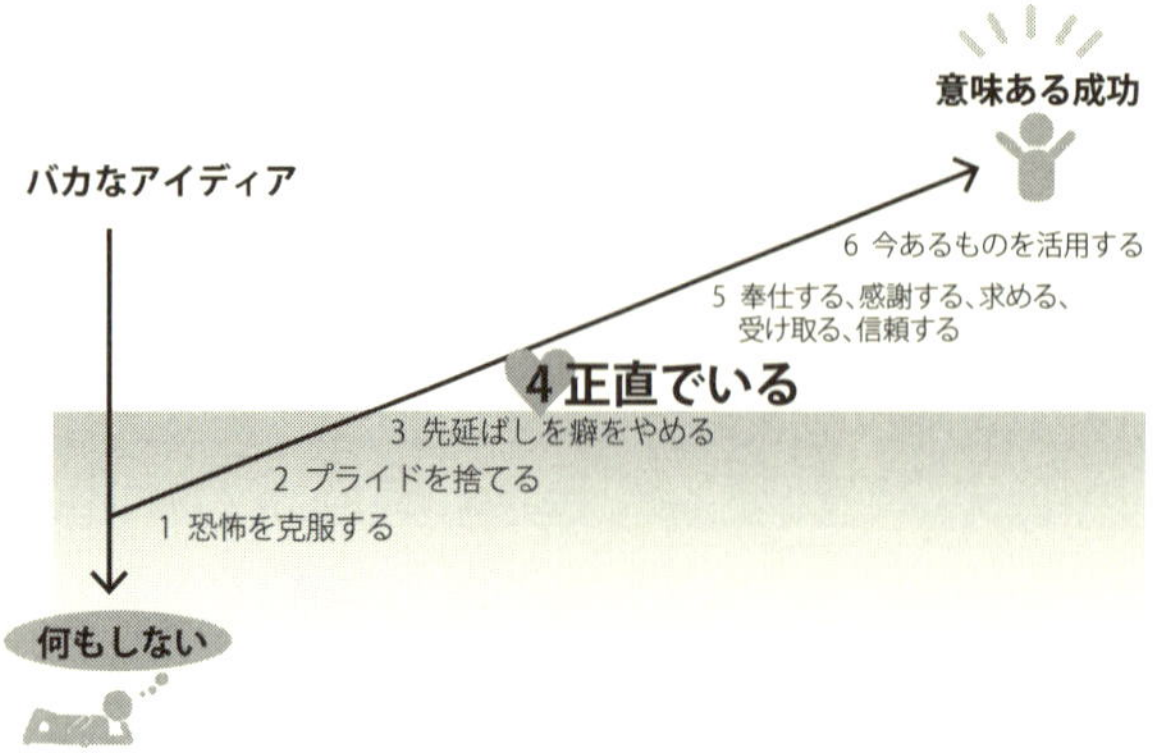

11 自分らしくあれ
正直のパワー

心のいちばん深いところで、つねに自分らしくあることをやめてはならない

——孔子

1993年、マイク・コロンは高校を卒業した。就職指導教員との相談会で、「進路は工学部がいい。エンジニアは求人が増えているから」と言われ、そのアドバイスに従った。

カリフォルニア州立大学フラートン校に入学したコロンは、エンジニアになる勉強を始めたが、すぐに退屈してしまった。工学部を卒業すれば就職に有利かもしれないが、エンジニアには向いていない気がした。夢中になれないのだ。「ほかの学生みたいに工学や技術に情熱を感じられなかった」

そのころ、コロンはアルバイトを2つかけもちしていた。

ひとつはレッドロブスターのウェイター、もうひとつは写真撮影会社で、その会社は就職を希望するアルバイトに積極的に技術を教えていた。

写真技術の知識もなく生活のために始めたアルバイトだったが、写真撮影が徐々に上達していった。うまく撮れるようになるにつれて、写真が好きになった。1年後、コロンはレッドロブスターのバイトをやめ、写真関係の仕事を増やした。

1997年、工学部に入って4年が過ぎ、卒業まであと1年というところで、プロの写真家になりたいとコロンは思った。

「エンジニアになっても幸せになれないと思った。でもそれ以上に、自分は写真が大好きだと分かったんだよ」とコロンは言う。そして、将来への不安に惑うこともなく、工学部を辞めた。

所属していた大学には写真専攻科がなかったので、マーケティング専攻に転籍した。写真を仕事にするときにきっと役に立つと思ったからだ。工学専攻の履修単位はほとんどムダになり、一からのやり直しになった。文字どおりの再出発で、また1年生から始めて4年間の学生生活を過ごすことになった。

「どうしても後悔したくなかった。我慢して工学部を卒業する手もあったけれど、もし工学の学位を取ったら、幸せよりもお金を選びたくなる誘惑がつねにつきまとうと思った。写真の商売がうまくいかなければ、必ずそうなるだろうね」とコロンは言う。

両者を天秤にかけ、コロンは決心した。「好きでもないことをして金持ちになるよりも、心から愛することをして貧乏なほうがいいと思ったんだ」

コロンの決断には、反対の声がたくさんあがった。両親は心配し、恋人は彼の頭がおかしくなったと考えた（結局、恋人とは別れた）。だが、コロンは初めて大学が楽しいと感じ、周囲の心配や説得など気にかけずに勉学に励んだ。決まった授業に出て学位を取るためでなく、ワクワクすることを学びに大学へ通った。「みんなが僕をバカだと言ったが、僕には妙な自信があった。自分が正しい道を歩んでいると分かっているときにだけ感じられる自信だ」

コロンはその後、結婚式やプライベートの場面を撮るプロカメラマンとして成功した。彼が撮る人物のなかには、歌手のアッシャーやティンバランド、ハナ・ギブソン（俳優メル・ギブソンの娘）など、ハリウッド、音楽業界、プロスポーツの有名人が名を連ねている。

バカげた決断のおかげで、今やアップル、ニコン、エプソンといった業界トップ企業の広報担当や顧問に就任するほど成功した。

私は「クレイジーなアイデアを持っているが、周囲に反対されている人にどんなアドバイスをするか」とコロンに尋ねた。彼の答えはこうだった。


どんなリスクであろうと、リスクを100パーセント受け止める覚悟をしなければいけない。誰でも、ビクビクしながら生きてはいけない。たとえ最悪の事態になったとしても、自分が愛してやまない何かをすることに価値があると心に決めなければダメだ。決意したら、あとは歩き出し、成功に向けて努力するだけ。

本当の自分でいることが成功をもたらす

可能なかぎり自分らしくいて、そして自分の気持ちにウソをつかずにいれば、いい変化が起きる。

自分らしくいることと成功との間には、密接な関係性がある。マイク・コロンは、写真を学ぶため勇気を出して工学部を辞めたが、そのとき自分が本心から最も生きがいを感じる道を選んだ。そのことが意味ある成功につながった。コロンの決断は経済的にも報われたが、それ以上に大事なのは、エネルギー、満足感、幸福、後悔のない人生という、もっと重要なおまけまで手に入れたことだ。

オプラ・ウィンフリーは、テレビ番組「オプラ・ウィンフリー・ショー」の最終回について『TVガイド』誌の取材を受けたとき、自分の成功の秘密について語った。「秘訣は自分らしくいることを貫いたってこと。失敗するのは本当の自分ではない人間のふりをするからよ」

オプラの言う本当の成功とは、勇気を出して写真家になることや、ヨーロッパで古着ジーンズを売ることや、空を飛ぶ技術を学ぶこと以上のものだ。

本書で紹介する数々の逸話もバカげたアイデアそのものも、自分らしさを守るための人生の決断の見本のように見えるかもしれない。だが、本当に自分らしくあるということは、それよりもずっとずっと偉大なことだ。

「本当の自分らしさ」という概念は、この言葉が簡単に使われすぎて、本来の意味が薄れてきている。自分らしさが人生の満足感や成功に大きな役割を果たすがゆえに、自分らしさとは何かを「理解する」には時間がかかる。私たちは自分らしくありたいと簡単に言い、本気でそう思うが、自分らしさとは何か、自分らしさが人生を良い方向に向かせ、優れた結果にどう影響を与えるかが実際は理解できていない。

本当に自分らしくいるということは、自分が何者であるかを基準にして自分にとって何が大事かを知っていること、そしてつねに心の中の自分らしさを基準に行動することだ。どのような夢や目標をもち、どのような成功を実現しても、自分の人生で最も重要なものと自分の決断が一致していなければ、その成功は底が浅く空しいものでしかない。

本当の自分と一致した行動ができなければ、どれほど成功しても、心の底にはもっともっと多くをほしがる不満が残り、人生が空虚に感じられるだろう。そんな成功は本当の成功ではない。

自分らしさを理解する

人はよく、「うまくやっているふりをしていれば、そのうち本当にうまくいく」と言う。だがこれでは、ウソの自分が実際の自分より優れていることになる。それは真実ではない。声を大にして言わせてもらおう。あなたの人生で最高で最強だった瞬間の自分を想像してみる、それが本物のあなただ。そして私の想像では、本当のあなたは、実際のところそれ以上にすばらしいはずだ。

孔子はこう言っている。「心のいちばん深いところで、つねに自分らしくあることをやめてはならない」

名言だ。ではなぜ私たちは、つねに最高のパフォーマンスができないのか。なぜいつも最高の自分でいることが難しいのか。

問題は、私たちが自分らしくありたくないからでもなく、自分らしさが意味のある成功につながると信じていないからでもない。実は、私たちの大半は、自分らしくありたいと強く願っている。問題は、どうしたらそういう自分でいられるかを理解している人が非常に少ないことだ。「ふり」をしている自分から、本物の自分にたどりつく方法を、多くの人が理解できていない。

自分らしく行動する

私たちは日々、本当の自分らしくあろうとするか、あるいは本当の自分からどんどん乖離していくかのどちらかだ。どちらの方向に進むかは、どんな選択をするか次第。人生において、本当の自分らしい行動をするための5つの方法をお教えする。

①恐怖、プライド、先延ばし癖から自由になる

自分の潜在能力を十分に発揮することなく行動していると、本当の自分からどんどん乖離していく。そこには、満足感のない、幸福とも思えない、自分の欲しいものがほとんど手に入らない人生が待っている。人生のパラダイム（規範）が外的影響によってぼやけると、自分の従来の方向感覚や価値観まで分からなくなる。たとえば、

●いつも恐怖心から行動していると、怯えた心理状態に支配されるようになる。
●いつもプライドから行動していると、プライドという危険な枠の中でしか生きられなくなる。
●いつも衝動的に行動し、人生の最重要事項を先延ばししていると、悪循環に陥り、堂々巡りから抜けられなくなる。止まることのないメリーゴーラウンドのように回転し続けるが、目的地には到達できない。

恐怖やプライドや先延ばし癖という殻のなかで人生を生きたら、本当の自分らしくは生きられない。『「原因」と「結果」の法則』（サンマーク出版）の著者ジェームズ・アレンの言葉が勇気を与

えてくれる。「殻に閉じこもっていては旅をすることはできない、殻がなくなれば立ち止まってはいられなくなる」

殻を打ち破れば本当の自分を知ることができる。それが分かるまで、本当のあなたは生きていないも同然だ。

自分で自分に課した限界を意識して越えていけば、自分の潜在能力を最大限に発揮するような決定を下すことが徐々に簡単にできるようになる。それが本来の自分自身を発見し、本当の自分を開放する秘訣だ。

言い換えると、自分の心が最も重要だと思うものと一致する生き方をしていれば、やがて孔子が全人類に求めた生き方が分かってくる。「心のいちばん深いところで、つねに自分らしくあることをやめてはならない」

②「**準備不足でも行動する勇気を持つ**」

マリッサ・メイヤーはグーグルが最初に雇った20人の従業員の1人で、同社初の女性エンジニアでもあった。その後メイヤーはヤフーのCEOに就任した。フォーブス誌からは「世界でもっともパワフルな女性50人」の1人に最年少で選ばれた。イリノイ工科大学の卒業式に招かれて講演したとき、メイヤーは「まだ準備ができていないことをやる勇気を持ってください」と学生にエールを送った。

準備ができていないことを実行するとき、不安なものです……。でも、不安でも前に進んでいくと、自分について学べます。自分にはできそうもないと思っていたことに取り組みながら、学んでいけるのです。あるいは自分の限界がどこにあるのかが分かります。どちらも大事です。不安でも前に進むことが大切です。勇気をふりしぼったその瞬間に、本当の意味で成長するし、本当の意味で達成ができるからです。

背伸びをし、安全地帯の外に出よう。思ったよりも自分は強かったと、きっと気づく。たとえば、中学や高校は私たちにとって自尊心など持てない場所だ。私はそう思う。中学2、3年生のころ、私はとても自信のない子どもだった。内気で、いつもぎこちなくて、どんな人間関係にも居心地悪さを感じていた。

私が変わったのは、自分が準備ができていないと思うこと――居心地悪く感じること――を無理にでもやろうとした時期だ。悪い仲間の圧力に屈するとか、悪いと知っていて何かするという話ではない。自分が意味もなく尻込みしているとわかっている、そういう類のことだ。たとえば、自分を信じ、自分は大丈夫と思うということだ。

少しずつだが恐怖が薄らぎ、恐怖を克服するのが簡単になっていった。そのうち自分自身を理解できるようになり、自信も強くなっていった。中学3年のころには、恥ずかしがりやで不器用な私はどこかに消え、背伸びしてでも何かをやるようになっていた。ギターが弾けるようになり、ロックバンドを組んだ。人前に出ることを心がけた。そのうち、週末になるとマイクを手に大勢の観客の前で演奏するようにもなった（内気は消えたけれど、不器用さは永遠に残りそうだ）。

自分の潜在能力を最大限に発揮できるような決断をしようと努めていると、最初は居心地悪く感じる行動もしなければならないし、そういう行動を選択しなければならない。ただ、自分らしくいようとするとき、居心地の悪い何かをすることに居心地よさが感じられるようになる点が最高だ。恐怖やプライドを抱えながら――不快も感じながら――行動するたびに前よりも自分らしくなり、本当の意味で成功した人生に近づいていける。

③基準を決め、それを守り、尊敬を得る

「クイックシルバー・イン・メモリー・オブ・エディ・アイカウは、オアフ島のワイメア・ベイで行われる地上で最も尊敬を集めるサーフィンの大会だ。ハワイの冬の1日、波が最低基準の20フィートを超えると開催される」

競技に招待されるのはわずか28人のサーファー（ほかに補欠が数人）だ。そのため、大会の名声は高く、サーファーたちの憧れの的になっている。通称「ザ・エディ」と呼ばれるこの大会は、（1984～2011年の）27年間に8回だけ開催された。「だが、開催回数が少ないゆえに、

サーファーにとっても観客にとっても、サーフィン史におけるきわめて華々しい大会になっている」

大会の開催日は特に決まっておらず、12月1日から2月末までの間に最適な条件が訪れるのを待つ。２０１１年1月21日、大会の主催者は、翌日の波が基準のビッグウェーブに達するかは「フィフティ・フィフティの確率」であると判断し、「世界で最も有名なビッグウェーブ大会」の準備に取りかかった。

翌朝、群衆がワイメア・ベイに押し寄せ、沖を見つめて待った。駐車場が55台分しかないことを思うと、ここに来るだけでも簡単ではない。だが「4時間待っても、ワイメア・ベイに20フィートを超える波が打ち寄せたのはわずか8回だった」

これだけの観客とサーファーが集まり、時間、労力、資金が使われたが、結局、大会は中止になった。波が「クイックシルバー・イン・メモリー・オブ・エディ・アイカウの名前にふさわしい大きさではない」という理由だ。

集まった観客はどうしただろうか。ある新聞記事が伝えている。「その日、競技を行わないという放送が流れると、観客は拍手で応じた。主催者の決定を尊重する拍手だ。天候を理由とした中止に拍手喝采だなんて、ほかに聞いたことがあるだろうか」

クイックシルバーの主催責任者ボブ・マックナイトは大会中止の決定を次のように語っている。

この大会はこれまでもほかの大会にない伝説を生み、単なるビッグウェーブ・サーフィンを超える何かを意味するようになった。

1月20日、世界中から集まった何万人もの観客に囲まれてワイメア・ベイのビーチに立ち、中止を発表しなければならないことは不本意だった。だが、観客が歓声をあげはじめると、正しい決断をしたこと、ザ・エディは私たちが守りたいと思う特別な何かの象徴であることが分かった。

エディは魅力的で誠実で、驚くべき身体能力をもつ若者だった。彼の伝説が国境を越えてサーフィンを世界に広めた。エディの伝説を通じ、これからもずっと若いサーファーたちを触発していきたい（エディ・アイカウは若くして一流のビッグウェーブ・サーファーとなり、ワイメア・ベイ初のライフガードとしても数多くの人命を救助したが、1978年、航海カヌー「ホクレア」でタヒチまでの航海に参加した際に船がモロカイ海峡で遭難。救援を要請するためサーフボード1枚で荒海に漕ぎ出し、消息を絶った）。

基準が決められ、基準が守られた。観客はそれを尊重し、人生で何度も出会えない貴重なイベントを見損なったというのに、拍手喝采までした。

自分の心の本当の声にしたがって生きるには、つねに自分の本当の目標に一致した決断をし、自分が心から信じるものを裏切らずにいなければならない。

本当の自分らしさは、誠実さという原則の上に作られる。いつも自分らしくあることを基準にして行動するということは、何かを約束したら、それを守ることを意味する。だが「約束する」というのは、表面的な表現でしかない。本当の自分であるということは、誰も見ていなくても自分の基準を守るということだ。ガンジーが説いたように、「何かを信じていながらそのとおりに生きなければ、それはごまかしというものだ」。私は、これに「誰も見ていなくても」という言葉を付け加えたい。

どんな状況にあっても本当の自分らしさという基準を守れば、次のように成功に必要な能力ができてくる。

- 自尊心と自信が高まり、自信が高まることで能力が高まる
- あなたの一貫性と誠実さを周囲の人が尊敬する。それが、最高の夢の実現に努めるときの貴重な財産になる

④自分を信用する

自分らしくあることを目標にするとき、自分の真価を知る必要がある。これまでの人生が過ちや失敗の連続だったとしても、それは自分の行動の結果であって、過ちや失敗イコール自分ではない。必要に応じてやるべきことをやり、自分を許し、先へと進むだけだ。作家のポール・バー

ザの名言を分かりやすく言い換えてみよう。「許しはあなたの過去を変えないかもしれないが、あなたの未来を広げるに違いない」

心にウソのない人は自分を信じている。それはうぬぼれや自己中心から出るのではなく、自分の真価を理解し、それを認めているからだ。そういう人は人生に目的意識をもち、自分にとって大切なものに真摯に向き合い、自分の真価を理解していることが人生の基盤になっている。

つねに自分の心の中の本当の価値観や目標に一致した決断を行っているので、自分の自分に対する真価が高まり、それに伴い、人生の基盤が強化され、拡大する。その真価を土台に目標に真摯に取り組む結果、自分らしさが螺旋階段を昇るように上昇し、大きな成功へとつながる！

もしあなたが自分を信用したいのなら、本当の自分らしくあることを土台にして決断を行っていこう。ウソはつかないこと。ゴマカシもしないこと。成功のために他人を蹴落とさないこと。そんな行動は本当の自分に逆らう行動で、あなたの目指す結果にはつながらない。本当の信念、目標、価値観を土台にしない成功は、あなたの求める本物の満足感を絶対に与えてくれない。

善であれ。幸せであれ。正直であれ。意味のある成功を達成しよう。

⑤バカげたアイデアをスタートさせる

本当に自分らしくいるために実践することは簡単だ。人生で自分が本当に何をしたいのかをはっきり理解し、実際にそれを始めること。では、どうやってスタートを切るのか。

●疑念、恐怖、他人の反対があっても、自分のバカなアイデアを信じる勇気をもつ
●そのアイデアを実行に移すためのプロジェクトをスタートさせる
●自分の心の声を聴き、心の中の本当の自分を解放する

つまりあなたは、バカげたアイデアにとりかかるとき、自分らしさに火をつけ、本当の自分に自分らしい人生を生きるパワーだけでなく許可も与えているのだ。

本物の成功――自分らしくあることのパワー

自分にウソのない人生を積極的に生きようとすると、他人にはバカだと思われる行動を頻繁にすることになる。それでいい。本物の成功と満足感がほしいなら、他人にすぐに理解してもらえないこともしなければならない。

覚えておこう。人生に回り道は存在しない。まっすぐ突き進むしかない。ほかの誰かに交替してもらい、それでも本当に意味のある人生を生きたいと願うなんて許されない。後悔のない充実した人生を生きたいのなら、他人がどんな決定をし、どんな意見を吐こうと、本当の自分に誠実でいよう。

マイク・コロンが自分の愛する写真の世界を追求しようと工学部をやめたとき、頭がおかしくなったんじゃないかと周囲は責めた。だが、コロンのバカげた決断は、自分の判断への自信を深めるという予想外の副作用をもたらした。お金でなく本当に大事なものを追求すると決心したときに得た自信は、それ以降、仕事やプライベートでの彼の決断を支えた。「いつも周囲からバカだと言われる決断をしてきた。そういう選択が今の自分の人生の土台になっている」とコロンは言う。

コロンの最もバカげた決断のひとつが、仕事を始めてわずか数年後にした決断だ。2001年当時、デジタル写真技術はまだプロカメラマンの間に浸透していなかった。地元の写真家たちは、デジタル技術はプロの実用の域に達していないと思っていた。

コロンは言う。「解像度が低いとか、影のとらえ方や画質そのものがダメだというのが理由だった。でも本当は、重い腰をあげて新しい道具を買い、コンピュータでフォトショップの使い方を覚えるのがいやだったんだろう」

業界では反対意見が圧倒的で、フィルムに執着する現実的な理由（要するに、デジタルは高価だった）もいろいろと言われたが、コロンはデジタルに転向したい衝動に駆られた。「それまで以上にクレイジーだと言われたよ。デジタルなどただの一時的流行にすぎない、流行が終わる前にお前は破産するぞってね」

それでもコロンは思い切って行動に出て、競争の激しいオレンジ郡で最初のデジタル専門の写真家になった。

コロンは言う。「結果には驚いた。ほかのカメラマンよりも先にデジタル化したことで、注目された。数カ月もすると、デジタル写真で業界随一のエキスパートになっていた」

コロンは全米各地のワークショップに講師として招かれ、写真専門誌に取り上げられた。ニコンはスポンサーになると申し出て、以後ずっと最先端のプロ仕様ツールを提供してくれている。

「デジタル写真が本格的に受け入れられると、2年もしないうちに誰も彼もがデジタルを使い始めた。自分はその分野でベテランのエキスパートになっていた。直感を信じて打って出た行動が実を結んだ」

デジタル写真が人気を集め出したちょうどそのころ、別の写真家ジョナサン・カンラスもバカげた決断をしようとしていた。カンラスによると「右を見ても左を見ても、カメラマンは（デジタルに）転向していったが、自分にはそれがどうしてもできなかった」という。

フィルム写真の仕上がりと雰囲気が好きなのだ。デジタル写真にケチをつけているのではない。フィルムが自分の芸術感覚に合っているから、転向したくなかっただけだ。「デジタルにも挑戦したが、そのたび自分には合わないと思った。自分のイメージした写真が撮れず、ほかのカメラマンと同じような写真になるだけだった」

カンラスは業界の趨勢にしたがわなかったが、適応力がなくて「有害なバカ」的な決断をしたということではない。カンラスは自分の心に従っただけ。周囲の強い反対にも屈せず、自分のバカげた決断を信じた。もしデジタルに転向したら、自分の撮りたい写真が撮れなくなると分かっていたからだ。
このバカげた決断の結果、彼は豪華な結婚式写真の市場を席巻することになった。「フィルムは死んでいなかった。隙間産業かもしれないが、フィルム写真の市場は間違いなく伸びている」。仕事が順調に増えていることが、カンラスが正しかったことの証だ。フィルム写真を専門にする数少ないカメラマンの1人になったことが、カンラスとライバルとを差別化した。
カンラスは今、世界中を飛び回り、一度は死に絶えたとみられたフィルム写真のワークショップで教え、プロ用技術としてのフィルムの本格的復活に貢献している。彼のワークショップはすぐに定員に達する。また、コダックがスポンサーになり、カンラスの写真を世界的な宣伝に使用している。カンラスは起業家に次のようなアドバイスをしている。

どの分野であれ、他人が何をしているかなんて気にかけても仕方がない。自分自身と自分の仕事に合ったことをすることだ……。自分の道は自分で切りひらくこと。風光明媚な一方で過酷な道だが、必ず報われる。ビジネスで成功するには、ダイナミックな何かを提供する必要がある。非常にダイナミックな製品は、誰かが踏みならした道を歩いても見つからない。

私はデジタルの波に乗らないなんて頭が変だとか、失敗するに決まっていると言われた。

そして、その波はやって来たが、去ってもいった。私は自分のしたいことに固執しただけで、皮肉にも、私のことを波に流されるに違いないと言った人たちのほうが仕事が続かなくなり、私は勝負に出たこの分野でトップに立った。

2人の物語を並べてみると、どちらも自分の心に正直になった結果、パワーを得られたのは明らかだ。

心の声にしたがって決断するとき、決断の内容に関係なく、自分の人生にまっすぐ向き合った満足感だけでなく、もっと多くの成功も手に入る。要は、自分らしくいるということは、自分がどういう行動をするかというよりも、なぜその行動をするかということなのだ。

では、どちらが正しく、どちらが間違っていたのだろう。答えは明らかだ。マイク・コロンとジョナサン・カンラスは別々の方向に進んだが、顧客や業界の反響を見れば、間違いなく2人とも勝利した。2人の外見的成功は、内面の本当の成功の鏡に映った像だ。

心の声はいつも正しい。なぜなら、心から情熱を感じるアイデアにしたがって行動すれば、得られる満足感はそうでない場合よりも大きいのだから。自分に正直であれば、より多くのエネルギーと創造力と情熱を持って決断や仕事に向き合える。そういう姿勢と行動の副産物は、そうでない場合よりも大きな成功だ。

あなたの目標は他人の目標と違っていていい。あなたは自分で思っている以上の能力をもち合わせている。自分の本当の直感を信じ、人生の本当の目標と一致するプロジェクトやアイデアを追求しよう。

本物の自由

根本的には、本当の自分を探す行為は、自分の人生をよくする模索の行為だ。本当の自分のなかに、あなたが探していた変化がきっと見つかる。

人生は短い。恐怖に凍りつき、プライドに足かせをはめられ、先延ばしに計画を狂わされている時間はない。本当の自分らしくいれば——殻を破って外に出た自分でいれば——自由を手に入れることができる。意味のある成功にたどりつく人生を生きるパワーが手に入る。幸せにあふれ、後悔のない人生を生きることができる。

恐怖、プライド、先延ばし癖から完全に解放された人生とはどんな人生だろう。想像してみてほしい。あなたには何ができそうだろうか。

そう、何でもできそうだろう?

自分らしくあることと心の声に従って行動することの本質は、自分にとって何が最も重要であるかを知り、価値観と心の声に正直に自分の最善を尽くすことにある。

——スチュアート・D・フリードマン（リーダーシップに関する著書執筆者）

本当の自分に正直な人は、自分の本当の潜在力にしたがって積極的に意識的に人生を追求する。

——マイケル・カーニスおよびブライアン・ゴールドマン（執筆者 論文多数を共著）

12 ニュー・スマートになる5つのアクション

奉仕(Serve)・感謝(Thank)・求める(Ask)・受け取る(Receive)・信頼(Trust)

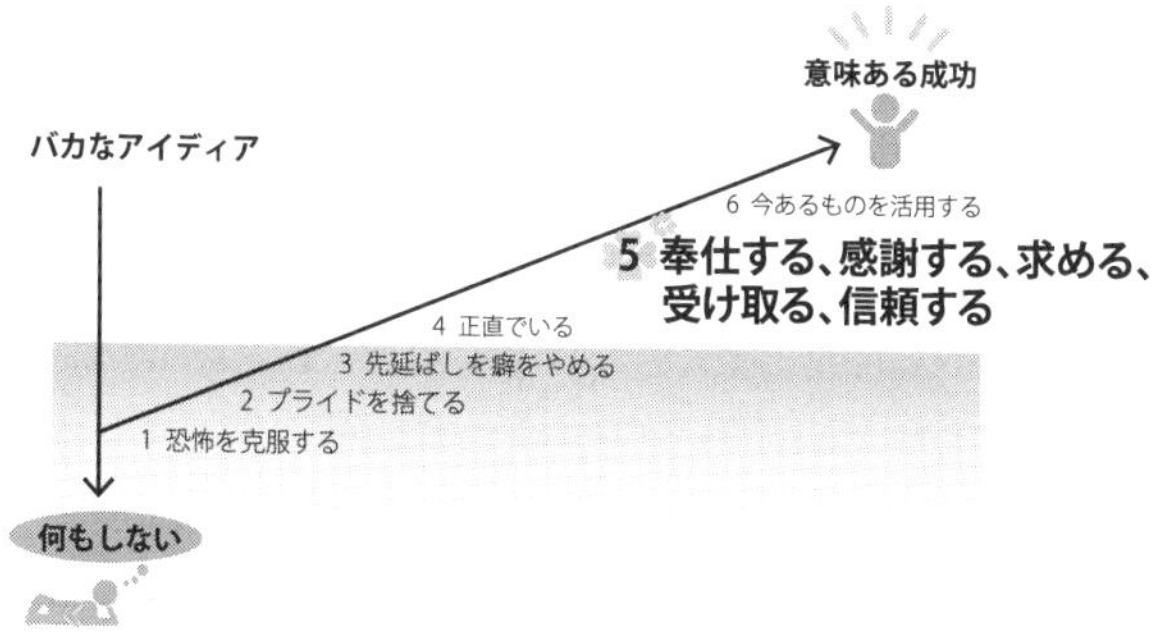

私を中に入れないよう、彼は円を描いた――
私を異端者、反逆者、侮辱するものとして阻むため。
だが、私には愛と勝利のための知恵がある
私と愛は、彼を招き入れる円を描いた。

――エドウィン・マーカム（詩人）

頭がくらくらしていた。彼は約165センチメートルの小さな体で立ち上がったが、質問がまったく頭に浮かんでこない。新米弁護士としての仕事の初日、法廷で証人に反対尋問をする勇気がまったく出てこなかった。「私は立ち上がったが、臆病風に吹かれた」と彼は言う。生まれて初めて担当した事件でしくじった。椅子に座ると、依頼人に別の弁護士を雇ったほうがいいと告げて、弁護料を返した。

その後、高校の教師職に応募した。だが採用されなかった。またもや失敗した。何度も失敗を重ねた彼自身の言葉によると、「気が滅入り」「腹も立った」という。

怖気づいたこの小男は、その後どうやってマザー・テレサ、マーチン・ルーサー・キング・ジュニア、ジョン・F・ケネディ、アルバート・アインシュタイン、ネルソン・マンデラのように、無数の人たちの人生に影響を与えるような存在になったのだろう。どうやって失敗者から一国の父と称賛され、崇拝されるまでになったのだろう。

それはこの男マハトマ・ガンジーがバカげた何かを始めることの真のパワーを理解したからだ。

それよりもずっと以前――法廷での屈辱的な失敗よりも前に、ガンジーは高校で一度、教師にカンニングさせられそうになったことがあった。スペリングの試験でガンジーがある言葉のスペルを間違えたのを見た教師は、隣の生徒の答案を写すようそれとなくガンジーに言ったのだ。

だがガンジーの良心はそれを許さなかった。ガンジーは語っている。「私以外の生徒は全員、全問を正しくつづっていた。教師は私の愚かさを分からせようとしたが、無駄だった。私は『人のものを写す』技術は学べなかった」

自分の決断が正しいと分かっていたガンジーは教師の体罰にも動じず、心変わりさせられることもなかった。

正直であることを支えにするガンジーには、自分らしく行動するとはどういうことかが分かっていた。若いころから、新しい賢明さをもって生きるために、どうすれば他人の非難など気にせず勇敢に前進できるのかが分かっていた。その信念を生涯ずっと守り、世の中を良くする変化の渦を巻き起こし、それを世界に広めた。

彼のその後の人生を決定づける瞬間は、それから何年も後、南アフリカの列車の駅で起きた。電車に乗り込み、切符を買っておいた一等車の席についたのだが、ガンジーが一等車に乗っていることについて乗客の一人が苦情を言いはじめた。鉄道職員がすぐに呼ばれ、ガンジーにほかの「有色人種」の乗客と同じように「有蓋貨物車に行くように」命じた。ガンジーが「一等車の切符を買ってある」と言って断ると、列車から降ろされ、荷物は当局に没収された。

上着は没収されたカバンの中にあった。ガンジーは照明もない冬の夜の寒い待合室で震えながら過ごした。そのみすぼらしい待合室が、ガンジーの人生が決まる瞬間を迎える場となった。

ガンジーは「自分の権利のために闘うべきか、それともインドに帰るべきか」と、目の前の選択肢に考えを巡らした。考えながら、ガンジーの目的意識は高まっていった。列車での屈辱的な経験がガンジーを燃え立たせた。ガンジーは、その日の自分の経験は珍しいできごとではなく、当時の南アフリカにいたインド人全員がしじゅう経験することだと知っていた。

「私の災難はごく表面的なものだった。有色人種への偏見という根深い病の症状のひとつにすぎなかった。できるならその病気を根絶したい。自分はそのために苦労すべきだと思った」

ガンジーの心の底にある正直さが、正しいことをすること以外の道を選ばせなかった。勝ち目は少ないかもしれない。世間一般の通念からすれば、気でも違ったと思われる愚挙だが、「病を根絶する」ためならどんなことにも耐える覚悟がガンジーにはあった。ガンジーは進んでニュー・スマートに生きようとした。

START――成功のための仲間をつくる

ガンジーの物語は失敗をきっかけにして始まり、その後も数々の試練に出遭うが、それでもニュー・スマートに生きることの大切さを証明する完璧な物語だ。ガンジーの勇敢な生き方は、STARTまたはニュー・スマートの5つのアクションと呼ばれるものの手本だ。

前述のとおり、STARTは、Serve（奉仕する）、Thank（感謝する）、Ask（求める）、Receive（受け取る）、Trust（信頼する）の頭文字から取ったものだ。STARTは、もう使い古されたとか、単純すぎる、幼稚な幻想だなどと思われそうだが、これをうまく活用すれば変化を起こすことができる。

奉仕し、感謝し、求め、受け取り、信頼することで、あなたは周囲の人たちとの関係を強化することができる。その結果、いい影響をもっと深く幅広く周囲に与えられるし、目標どおりの意味ある成功に向かう歩みを加速することができる。

仕事でも私生活でも、STARTの原則にしたがって人を引き込んでいくと、（所属する部署、組織、業界、市場、コミュニティー、家庭へ、そしてガンジーの場合は全世界へ）あなたの能力を売り込み、信頼と尊敬に値することを証明するチャンスが得られる。

STARTには2つのパワーがある。もちろん第一のパワーは頭文字STARTそのもので、奉仕する、感謝する、求める、受け取る、信頼することを意味する原則だ。もう1つのパワーは、文字どおり「スタート」（始める）ということだ。

「始める」という意味のスタートは、5つの原則がなぜこれほど効果的かという理由でもある。始めることに秘められたパワーは、何かを始めるという単純な行為だ。どこかに出かけたり、移動したり、何かを始めたりするとき、単純だが大きな推進力が解放される。プロジェクトをいったんスタートすると、ものごとが次々と段階を踏んで短時間に進展していく。

はずみがつけば気分はいいが、スタートを切るにはどこからどうやって手をつけるのかという大局的な疑問の答えにはならない。ガンジーの場合、自分の目の前の小さなことから始めるという方法を選んだ。

ガンジーは「奉仕」からスタートした。列車の事件からすぐ、ガンジーはまず、南アフリカのプレトリアに住むインド人全員と「連絡を取る」ことに集中し、知り合いの手を借りて集会を組織した。公衆の面前で話すことへの恐怖は強かったが、勇気を振りしぼってプレトリア在住のインド人の前で生まれて初めての演説を行った。ガンジーには恐怖よりも強い、自分の心から発した目標があった（のちにガンジーは歴史に残る優れた演説家の一人に数えられるようになる）。

このようにして、ガンジーは新しい友人である南アフリカのインド人への奉仕を続けた。プレトリアでの最初の集会で、ガンジーは、聴衆のなかに英語を話せる人がきわめて少ないことに気づいた。英語がきっと役立つと考えたガンジーは、興味を示した人たちを集め、無報酬で英語を教えはじめた。その間も、ガンジーは集会を開き、同胞に働きかけ続けた。

ガンジーの回想によると、それからまもなくすると、「プレトリアには、私が顔見知りでないインド人も、どんな状況にいるかも知らないインド人も一人もいなくなった」という。

ガンジーはSTARTした。ほかの取るに足りないことを言い訳にして、自分の使命を先延ばしにしたりしなかった。自分のプライドにとらわれることもなく、謙虚に自分を犠牲にし、他人にも同じことを求めた。

ガンジーは自分の置かれた状況に尻込みしなかった。限られた経験と資金で活動し、活動の「勢い」を保つため、他人の才能を大いに利用し、率直に感謝した。周囲の人間と目標への一貫した奉仕と献身の姿勢は、ガンジーの名声を高めた。

ガンジーの運動に追随した人たちは、「ガンジーとの約束を破るくらいなら死んだほうがましだと思うほどガンジーを信頼した。

STARTの原則を実行し、他者と本気で絆を結んでいけば、自分ひとりの力でやる以上に夢に近づくことができる。恐怖、プライド、先延ばし癖を克服し、本当の自分にウソをつかず、奉仕し、感謝し、求め、受け取り、信頼するという原則にしたがって生きると、将来の成功を手に入れるための確かな土台を築くことができる。

アクション1　奉仕する（Serve）

成功する人はつねに、他人を助けるチャンスを探している。成功しない人はつねに、「それで自分に何の得がある」と尋ねる。

――ブライアン・トレーシー（ベストセラーの著者・ビジネスコーチ）

クレイグ・キールバーガーは、居心地のいい家で目を覚まし、身支度をし、朝食のテーブルについてシリアルをボウルにあけた。新聞を手に取ると見出しが目に入った。「児童労働と闘った12歳の少年が殺害される」

キールバーガーはびっくりした。のちにこう言っている。「人生は少しずつ変わっていく場合もあるけれど、一瞬で変わることだってある」

その朝、トロントスター紙の見出しを偶然目にしたことで、キールバーガーの生活は様変わりした。記事には「パキスタン、イスラマバード（AP発）、イクバル・マシーは4歳のとき、16ドルにも満たない金額で両親に奴隷として売り渡された。それから6年間、ほぼ1日中を絨毯《じゅうたん》の織機にしばりつけられ、小さな結び目を何時間も何時間も結ぶ生活を送った。12歳になり、自由の身になると、児童労働の反対運動のため世界を周り始めた」

キールバーガーは、イクバルが殺されたことにショックを受けた。新聞記事には「射殺された」とあった。「若き活動家イクバルに腹を立て、運動をやめさせようと何度も脅迫していた絨毯産業の関係者が殺人を犯したとみられる」と書いてあった。

キールバーガーは、イクバル、イクバルの両親、児童労働について次々と疑問が浮かび、憤りを感じた。公立図書館に行き、児童労働に関する新聞雑誌の記事を片っ端からコピーし、自分も何かをしなくてはと思った。最初に1本の電話をかけたことがきっかけで、その後多くの人権団体に次々と電話をかけていく。キールバーガーは、人権団体が児童労働について無知なこと、さらに「児童労働は子どもの問題なのに、人権団体で若者が働いていない」ことに驚いた。「子どもを守るために、ほかの子どもが意見を言わなければダメだ」と思った。

次に、中学1年生の担任教師フェリゴーニに、授業の前にみんなに少し話をさせてほしいと頼んだ。キールバーガーはイクバルのことをほかの生徒に話し、「これは問題です。僕自身まだよく分からないことがあるので、もっと知りたいと思います。みんなの中で一緒にこの問題について考えたい人はいませんか」。キールバーガーの呼びかけに応え、12人の中学1年生が参加するグループができた。これがフリー・ザ・チルドレン（貧困や児童労働に苦しむ子どもを、子ども自らの手で救う、子どもによる子どものための国際協力団体）の誕生の瞬間だ。

1年後、キールバーガーは児童労働の影響を自分の目で確かめるためにアジアを訪れた。ちょうど、カナダの首相がアジア各国との貿易促進のため現地を訪問中だと知ったが、首相に話をしたいと申し込んでも許可されなかった。キールバーガーは、首相に同行していたカナダの有力テレビや通信社を集めて記者会見を開いた。これにメディアが飛びついた。首相の外遊のニュースをしのぐキールバーガーの物語が、CNNなどの有名メディアを通じて世界中に伝えられた。

キールバーガーは当時を語る。「すぐに首相の側近が僕を探し始めた。……首相に会えることになり、南アジアの各国首脳に児童労働問題を提起する約束をしてもらえたんだ」

カナダ首相と会った当時、キールバーガーは13歳になったばかりだった。

のちに生活が一変することになる新聞の見出しを見たとき、キールバーガーは実は漫画を読もうとしていた。彼がイクバルについて初めて話をした相手は、自分の中学1年の同級生たちだ。キールバーガーは何人かの級友と一緒に、1万キロ以上も離れた場所に住んでいた同年齢のイクバルという少年の物語に触発され、世界に変化を起こした。

フリー・ザ・チルドレンのウェブサイトによると、この団体を通じて現在までに650以上の学校が建設され、5万5000人の子どもが教育を受けたという。そのほかに次のような影響があった。

- 貧困に苦しむ子どもたちに、20万7000個の救急箱が贈られた
- フリー・ザ・チルドレンの訓練を受けて、奉仕活動に従事する若者の数は年間35万人を超える

●これまでに、飲み水、医療、衛生環境が改善した人の数は100万人にのぼる
●3万人を超える女性が、貧困層向け少額ローンを利用して自活できるようになった

オプラ・ウィンフリーの慈善団体「エンジェルネットワーク」も、フリー・ザ・チルドレンと協力し、開発途上国に60近くの学校を建設した。オプラは、クレイグ・キールバーガーと弟のマークを自分の番組に招待し、「オー・アンバサダー・プロジェクト」を設立した。

シリアルを食べようとしていた12歳の少年が、これらの活動のすべてをSTARTさせた。

奉仕のパワー

人に奉仕するとき、奉仕という行為それ自体が喜びを感じさせてくれる――例えば、人助けをして感じる幸福感――が、奉仕は、人との関係を意識的に築こうというときや、自分がやりたい何かを始めるときのパワフルな手段にもなる。奉仕はブーメランのように投げると必ず返ってくる。それも驚くようなかたちで。

奉仕のパワーを利用するときに大事なのが動機だ。見返りだけを目的に奉仕しても、けっしてうまくいかない。自分が得することを目的にした奉仕には、人を搾取する狙いが透けて見える。そんな奉仕は心の本当の声や誠実さから出たものでもない。奉仕する側とされる側の関係は、始

まる前に壊れてしまうだろう。

自分がやりたいことを選んで目標を達成し、そこから期待した成果を手に入れようとするな、と言っているのではない。ただ、成果だけを期待してはいけない。ガンジーの言葉から学べるように、「人の動機に疑いを感じた瞬間、その人のしたことすべてに傷がつく」。

奉仕は、自分の心の本当の声にしたがって行えば、目標達成への歩みを速めてくれる——奉仕の副産物として得られるパワーは実に無限だ。

奉仕は、状況に関係なく、時間・教育・資金の不足を克服し、目標に向けてスタートを切るのに最も効果的な手段にもなる。奉仕活動には参入の障壁というものが存在しないに等しい。無私の奉仕活動は、ほかに方法がないとき、新しい領域に一歩を踏みだす足がかりになる。

他人のために何かするということは、謙虚パワーという代替手段を効果的に利用するということだ。奉仕は、奉仕する側の人間性の発達を助けるだけでなく、最高の長所と優れたリーダーシップ能力の両方を発揮するチャンスも与えてくれる。コリンズ著『ビジョナリーカンパニー』（日経BP）では、他者に奉仕するということは「たとえ、それがどれほど重大な決意や困難な決意であっても、偉大な会社になるためには必要なことを何でもする」という決意を相手に示す力強い意思表明だという。

奉仕は、相互関係を育み、自分が信用できる人間であることを証明し、信頼を勝ち取るのに有効だ。人のために何かするとき、奉仕活動を通じて（奉仕する）相手の人となりを理解することができる。奉仕する相手との間に有意義な関係が築かれると、相手は私たちが最高の成功を実現できることを望み、手を貸そうとする。

奉仕は学習の場でもある。自分が関心を持つ分野で、あるいは自分が心から尊敬する人のもとで奉仕をするとき、それは、授業料なしで学習し、リスク負担なく経験を積むめったにないチャンスだ。

1．無料体験。誰かに奉仕するとき、お金を払う必要はない。うまくいけば、まったく費用をかけずに自分が興味のある分野で貴重な学習をし、技能を身につけるチャンスになる。

2．リスクフリーの学習。ときにはリスクを冒さないと経験は積めないのだが、奉仕活動を通じて経験を積むとき、それほどリスクを負わないで済む。だからと言って手抜きの仕事をしてはいけない（それでは奉仕の意味がない）。人の役に立とうとするときは、身も心も打ち込まなければいけない。求められた以上のことをやること。プロジェクトの成否のすべてが自分の肩にかかっているかのように打ち込むこと。私の経験だが、「無償」の奉仕で優れた結果を出すと、収入がともなう世界にも進出するチャンスがひらける。

奉仕活動から始まったプロジェクトが、もっと大きなものへ発展するかもしれない。相手のビジネスや人生の役に立つプロジェクトで奉仕しようとして相手に働きかけるとき、率先する姿勢を見せられるだけでなく、自分のアイデアを市場で試すチャンスにもなる。奉仕活動のプロジェクトがうまくいけば、あなたの夢もかなうかもしれない。

スタートさせる、人に与える、自分も手に入れる

インターネット教育サイトのフューチャーオブエデュケーションの創設者スティーブ・ハーガドンは、自分のモットーは「Go. Give. Get.」(スタートさせる、人に与える、自分も手に入れる)だと言っていた。

スタートさせる(GO): 空いている時間に無償でやってもいいと思う自分の好きな何かを始める。
人に与える(GIVE): 本当の意味で人の役に立ち、その人の人生を変える何かを実行する方法を見つける。
自分も手に入れる(GET): 経済的な利益でもいいし、世界の役に立ったという満足感でもいい。自分も恩恵を得られるチャンスを見逃さない。

これが、ハーガドンが始めた教育者向けネットワーキングのサイトでの奉仕の原則だ。「クラスルーム2・0」というこのサイトは、スタート当時、絶対に失敗すると揶揄されていた。だが同サイトは、現在195カ国7万人以上の会員数を誇り、ハーガドンは年間10万人以上が参加するバーチャルコンファレンスを運営している。

ハーガドンはこう言っている。「この奉仕サイトの開設が私のキャリアの転換点になった。大切に思う人たちの役に立つチャンスを得たし、自分の好きなことをして収入を得るチャンスも手に入れた」

どんなアイデアでもいい。人の役に立つ奉仕からスタートさせよう。ただし、別の思惑を隠して行動しないこと。何ごとも包み隠さず、奉仕のための奉仕をするか、自分のアイデアを実現するための奉仕をすること。

人の役に立つことをし、そこから何が生まれてくるか待とう。

アクション2　他人に感謝すること！（Thank）

感謝は最上の美徳であるだけでなく、あらゆる美徳の母でもある
——キケロ

感謝する心は大事で、特に感謝が成功の触媒のような働きをすることを考えると、キケロの名

言に同感せずにはいられない。感謝は人生のどんな場面にあってもきわめて善なるパワーを発揮する。そう思うのは私だけではない。

気高い人は、他人から受けた親切を心にとめ、感謝する

——釈迦

自分に起こった良いことのすべてに感謝する習慣を身につけ、絶えず感謝しなさい。すべてのことがあなたの進歩に役立つのだから、すべてを感謝の対象にしなければならない

——ウォレス・D・ワトルズ（米国の思想家）

身につけることのできるあらゆる『姿勢』の中でも、感謝の姿勢は何よりも重要で、人生を変えるという意味で何よりも力がある

——ジグ・ジグラー（自己啓発書の著者・講演者）

感謝すると、不安が消え、祝福が訪れる

——アンソニー・ロビンズ（コーチングとセミナーで世界的に有名）

ここで、もっと大きな成功を収めるために感謝がどれほど重要であるかを証明する2つの物語

を紹介しよう。

ピザの話

最初の物語は、雪の冬の日の夜遅く、ある大都市の路上で起きた。その日私は、数人の友人や同僚と一緒に、専門家向けリーダーシップ講座に出席していた。1日中講義を聴いたあとでお腹が空いたので、ホテルのコンシェルジュに夕食向きのレストランが近所にないかと尋ねると、大学生が大喜びしそうな巨大ピザが食べられる専門店を教えてくれた。

私たちはメニューの中から、かなり金額の張るいちばん大きなピザをホテルに配達してくれるよう注文した。ピザはまさに特大といった大きさで、飢えた大の男5人がかりでも3分の1も食べきれなかった。だが残ったピザを捨てるのはしのびなかったので、誰かにあげようということになった。

私たちは町を歩き回り、近くの駅に路上生活者が何人か寒風を避けて集まっているのを見つけた。次に起きたことが興味深かった。

私たちから少し離れた場所でおしゃべりをしていた路上生活者のグループは、近づいてくる私に目を留め、急に黙った。「ピザはいらないか」と尋ねると、その中の1人が、ひと言も発することなく、私の手からピザの箱をひったくった。彼は背後の仲間のほうに向きなおると、皆で箱を囲んでものすごい勢いでピザを食べ始めた。私はまるで最初からそこに存在すらしなかったかのように無視された。

2枚の20ドル札の話

それよりも少し遅い時間に、私の妻が同じ町の雪の積もった通りで友人何人かとショッピングをしていた。そこへ、女性の路上生活者が1人近づいてきた。後ろに10代くらいの男の子を連れており、彼は横に離れて立っていた。これからどんなことが起こるか分かっていて、明らかに恥じている様子だ。

「余分な小銭はありませんか」と、女性がそっと聞いた。

妻と友人たちは、女性の声に絶望の調子が混じっているのを感じ取り、20ドル札を1枚差し出した。とたんに女性は心底驚いた様子をし、心から礼を言った。あまりにも驚いた表情で感謝を言われたため、妻たちはもう1枚20ドル札を出して女性に渡した。

何度も礼を言い、その場を立ち去ろうと向きを変えた女性の目には涙がにじんでいた。どうやら息子らしい少年も、満面の笑みで感謝を表現した。

感謝のパワー

2つの物語の大事な教訓を考えてみよう。

それは、**恩を忘れれば、未来の贈り物が減る**ということだ。駅の路上生活者がピザを受け取ったとき、感謝はなかった。もらったピザの礼どころか、ひと言の言葉もなかった。作家のG・B・スターンはこう言っている。「無言の感謝は、誰にとっても大した意味がない」

空腹のあまり「ありがとう」を言わないのは、心理学者のエイブラハム・マズローの有名な欲求のピラミッドの最たる例だ。マズローの理論では、人間の行動の動機となるのは満たされない欲求であるというもので、マズローはこれを「欠乏欲求」と呼んだ。つまり、人は、呼吸、栄養、衣類、住居といった基本的な生理的欲求が満たされないと、安全、愛情、帰属、尊敬、自己実現のようなほかのニーズを満たす行動には出られない。

路上生活者の男たちがピザの礼を言わなかったのは、必ずしも感謝の気持ちがなかったとは言い切れない。極度の飢えのほうが圧倒的に強かっただけかもしれない。だが、ほかの人がいくら空腹を言い訳にしたとしても、あなたや私はそれを言い訳にしてはいけない。

あなたは感謝の気持ちのない人に手を貸したくなるだろうか。そんな人の目標や成功に本気で肩入れできるだろうか。感謝のない人間は楽しくない。あなた自身は感謝をしない人間にならないように。大きな成功を手に入れたいのなら、人の助けや貢献を軽んじないで、十分に感謝を述べることだ。周囲の人に感謝するのを忘れるほど、成功に欲深くならないこと。

感謝すれば、もっと大きな贈り物がもらえる。女性路上生活者が心のこもった礼を述べたとき、私の妻と友人たちは、自分たちが女性にほどこした善意が即座に心からの感謝を引き出したと感じた。これが、もっと助けてあげたいと思わせる動機になった。

アダム・スミスは著書『道徳感情論』（講談社学術文庫ほか）に、「すぐにそれに報いたいと思わせられる感情は、感謝である」と書いている。たしかにそのとおりだ。

感謝は、プライベートでも仕事でも、借りのない相手に事前にたっぷりと借りを返しておくようなものだ。人は感謝をしない相手よりも感謝する相手と協力し、そういう人を雇い、そういう人のために推薦状を書く。また、ポジティブ心理学の専門家は、日ごろから感謝をする姿勢の身についている人は、総合的な幸福度が高く、気持ちの落ち込みも少ないと言っている。

純粋な人間関係を築き、満足感を高め、意味のある成功を実現しようとするなら、心からの感謝の気持ちをいつも表明しよう。たとえ、相手のしたことがささやかでも、それほど重大なことではない場合でも、だ。

感謝は成長する。感謝の気持ちをもっと感じられるようになりたいなら、「ありがとう」をもっと頻繁に言おう。ささいなことだが、いつも感謝の念を表す人は、人生には感謝すべきことがさまざまにあると気づくようになる。感謝の気持ちを表現していると、感謝の念も大きくなる。

アクション3　人に求めよう（Ask）

ジャスティン・ライアンに初めて会ったとき、それまでに知っていた誰にも似ていないとすぐに思った。「カリスマ的」などという使い古された表現では言い尽くせない何かがあった。だから、ライアンから昔の自分は今のようではなかったと聞いて耳を疑った。ライアンは自分の生い立ちを「内気」「臆病」という言葉を使って語った。

ライアンはずっと映画業界で働きたいと思っていた。世界を変えてしまうような自主制作《インディペンデント》映画を製作する夢を思い描いていた。だが、彼が育ったアイダホ州の片田舎では、そんな夢を口にするだけでひんしゅくを買うどころではない騒ぎになり、「映画なんて悪魔の仕業だ」というのが大方の反応だった。そしてライアンは夢を捨てた。「私の育った世界では、映画の製作は恥ずかしい仕事だった。それで夢をあきらめた」と、ライアンはのちに言っている。

数年後、ライアンはアリゾナ州に移り、高級リゾートホテルのベルボーイの職を得て、またたく間に出世してベルキャプテンになった。正社員でベルキャプテンをしていたのは、ライアン以外は40代や50代ばかりだ。

その先輩たちの間では、若いときに違う決断をしていたら今の自分はどうなっていただろう、という話題がよく出た。彼らが率直に後悔を口にすることが、当時まだ20代前半だったライアンの心に強く印象を残し、自問のきっかけとなった。「自分はこの仕事を一生続けたいだろうか」

ライアンは優秀なベルキャプテンだった。いつもにこやかに客に応対し、宿泊客一人ひとりに真心から関心を示した。客のほうも、ライアンに本気で関心を寄せていた。ホテルに泊まる有名人も同じだった。

ニュースの見出しになるような人たちに接客することも珍しくなく、俳優やミュージシャンのほか、映画製作者もホテルをよく利用していた。同僚のベルキャプテンたちの後悔をたびたび耳にしていたライアンは、映画産業で仕事をするという夢を思い出し、なんとかして実現しようと心に決めた。

ライアンは、有名人もみんな同じ人間だ、人よりも名が知られているだけだと自分に言い聞かせ、勇気をふりしぼって著名人の客に自分の夢を打ち明けた。著名人の宿泊客にも素直に心を開くので、多くの人が彼の話に本気で耳を傾けた。やがてライアンの考え方に変化が出てきた。

ある日、ロサンゼルスからやって来た映画製作会社の重役に、映画業界に行ったら自分は堕落するのだろうかと、内心の不安を打ち明けた。重役はこう答えた。「どんな仕事でも堕落する人はする。堕落した弁護士、歯医者、医者がいるようにね。映画業界で成功することは可能だし、それでも自分らしさを失わずにいることもできる」

ライアンはのちにこう言っている。「何かを心から愛し、心底それに熱中していたら、自分の夢見た人生を生きることも、自分の理想を失わずにいることも可能だ」

ライアンは待つのをやめた。映画の主人公のように一大決心をし、仕事を辞めて荷物をまとめ、ロサンゼルスに向けて出発した。ロサンゼルスに着くと、ベルボーイ時代に知り合ったパラマウント映画会社のマーク・マルケー副社長に電話でパラマウント映画のスタジオを見学させてほしいと頼み、快諾をもらった。映画製作の舞台裏を見学し、映画を作るときに何が必要かについて学んだ。

次に、かねてからの憧れのプロデューサーで、スティーブン・スピルバーグ監督の映画「シンドラーのリスト」を製作したジェリー・モーレンに、コネもないのに電話をかけた。映画製作者になるためのアドバイスをしてほしいと頼んだ。モーレンはライアンに映画界で働くのに必要な知恵を授けてくれ、さらに学校に行くよう勧めた。また、学校で勉強する一方で製作の仕事も始めるようにしなさいと言った。

ライアンはこのアドバイスを聞き、デザイン学校の名門アートセンター・カレッジ・オブ・デザインに入学し、できるだけ多くのプロジェクトに携わることにした。「学生時代の映画プロジェクトの予算はとても少なかった。スポンサーもいなかった」ので、無報酬で自分の時間を注ぎ込んだという。

ある日ライアンに、人気ロックバンドのアクアバッツの一員で「MCバット・コマンダー」ことクリスチャン・ジェイコブズと、ベテランアーティストでミュージシャンでもあるスコット・シュルツから連絡があった。「2人は、お定まりの子ども向けテレビ番組に飽き飽きしており、親も楽しめるような子どもの教育番組を作りたいという話だった」

問題は、２人が６年もの間テレビ局に企画を売り込んでいるのに話が進まないことだ。「２人の特異な才能と経歴をもってしても、番組企画は通らなかったんだ」

ライアンはジェリー・モーレンの忠告どおりに入学後すぐ仕事も始めていたので、プロデューサーと名乗るに足る経験がすでにあった。そこで３人はマジック・ストアという名の製作会社を設立し、仕事を始めた。

ライアンは、やはりモーレンの忠告にしたがって、苦労しながらも見本番組を何本か製作することにした。幸い、低予算で製作する方法はもう分かっていたので、３人は家族や友人の手を借り、衣装や音楽を制作し、番組セットをデザインした。最悪の結果になっても、ＤＶＤにして販売すれば借金は返せそうだと見込んだ。

番組見本ができ上がると、テレビ局への売り込みを再開した。だがいい返事はない。そこで考え方を根本から変え、予告編をインターネットで流して反応を見ることにした。予告編ビデオの噂はネット経由で人から人へと伝わっていった。４日間で１００万回を超える閲覧があり、３人のサーバーはクラッシュした。

ライアンは言う。「世界中のテレビ局から、どうすれば私たちの番組が手に入るかという問い合わせメールが５分おきに入り始めたよ」

３人が電話の応対に忙殺されていたころ、ビデオを見た人たちが、この番組を放映してほしいと子供向けケーブルチャンネルのニコロデオンに要望を出した。映画「ナポレオン・ダイナマイト」や「ナチョ・リブレ」を監督したジャレッド・ヘスまでもが、ニコロデオン・ムービーズ（ニコロデオンの映画製作部門）の代表者に番組見本を見るべきだと進言した。

それから2カ月後、この番組「ヨーガバガバ」の本格製作が開始し、第1回の放送から4シーズン日には、どの家庭にも番組の名が知られるようになった。

靴メーカーのバンズ（VANS）は「ヨーガバガバ」シューズのライセンスを、ストリート・サーフ系ファッションブランドのボルコム（VOLCOM）がTシャツのライセンスを、同じくストリート系ブランドのネフ（NEFF）がニット帽のライセンスを獲得したように、多くのブランドが番組の人気を商売に利用した。劇場版も作られ、ニューヨーク市のラジオシティ・ミュージックホールでの上演チケットは完売した。

すべては、バカげたアイデアを持ち、絶対にあきらめなかった2人の父親と、内気だが夢の実現のためなら物怖じせずに人に助けを求めたアイダホ出身の青年が巻き起こしたことだ。

なりたいと思う自分になり、行きたい場所に行くには、すでにそこに到達している誰かに道を尋ねるのが、シンプルで有効な方法だ。

私たちは今まで、途中で止まることもなければ、道を尋ねることもしない運転手の運転する車に乗っていた。おそらく、その運転手は自分自身だったのだろう。「もうすぐ着く。なんとかなるだろう。次の出口で降りればいいんだ」。これは、プロジェクトに行き詰まり、どことも知れぬ場所にスピードを上げて走っているとき、私たちが自分に言い聞かせる言葉だ。

なぜ私たちは自分が必要としていることを人に求めたり、聞いたりしないのだろうか。次の例で、その答えをお教えしよう。

私の自宅近くに映画館があって、そこはいつも長い行列ができる。中に入るまでに30分以上も列に並ばなくてはならず、映画の冒頭を見逃す人がよくいる。だが、劇場の入り口を入るとすぐ（チケットもぎりの手前）に券売機がある。デビットカードかクレジットカードを使えば、その場で機械が映画名を印字してチケットを発券する。なのに、この機械の前に人がいたためしがない。誰でも劇場に入って券売機でチケットを買い、30秒と待たずに座席に向かうことができるというのに。行列に並ぶ人がすべきなのは、チケットをもっと早く買う方法はないかと尋ねるだけのこと。だが、誰一人それをしない。

よくあることだが、私たちはこれ以外に方法がないと思い込み、人に尋ねることをしない。「ほかに方法がないから」と、あきらめの表情でため息をつくだけだ。だが、たいていの場合それは違う。

人に尋ねること、頼むことのパワーを過小評価してはいけない。行列から抜けだして誰かに聞こう。それが成功への近道だ。

どう尋ねるか、どう頼むか――目標のマッチング

人に何か聞くときや頼むときは不安なものだ。誰だってぴしゃりと拒絶されるのは嫌だし、厚かましいとも困っているとも思われたくない。だが人に何かを頼めば、今いる場所から行きたいと思う場所に最速で到達できるかもしれない！　人に助けを求めるとき、丁重かつ相手の心をつかむ頼み方、頼まれた相手が名誉と喜びを感じてあなたの成功に手を貸したくなる頼み方がある。こういうものの頼み方を、私は「目標のマッチング」と呼んでいる。

目標をマッチさせるには、お互いの目標から相互利益のシナジーが生まれるようなことを頼まなければいけない。つまり、目的のマッチングとは、相手に何を求める場合も、それを実行すれば、一方だけでなく両者が恩恵を受けるようにするということ。相手に何かを頼み、受け取るだけではなく、頼んで、受け取り、そのうえに相手に貢献することを目指す。

相手に何かを頼む前に次の3つについて検討すること。

①**調査をする。**何かを頼む相手である個人や団体のニーズと目標、相手が苦心するかもしれないことを事前に調査する。

②「**相手にとって何か利益があるか**」**を自問する。**自分の強みをどう活かすと、相手の目標全体に最もうまく貢献できるか考える。

③**自分の目標とマッチさせる。**互いにどう協力すれば、両者が大きな恩恵が得られるか考える。

このやり方で相手に助けを求めれば、あなた自身の継続的な成功に役立つばかりか、お金を出して人を雇ったり、企業のサービスを買うよりもいい効果がある。人に助けを求めるとき、金銭のやりとりがないことが多いが、そこにはもっと大事な感情のやりとりが行われる。感情的交流から、堅固で長期的な人間関係の基盤が生まれるかもしれないし、今後の協力の機会もひらける。

世界最速で成長中のユーチューブチャンネル

私の友人デヴィン・グラハムは、目標のマッチングによって短期間で成功を勝ち得た好例だ。グラハムがユーチューブに毎週投稿する奇想天外なビデオは、のべ数千万回にのぼる閲覧数に達し、しかも毎日増加し続けている。本書の執筆時点で、彼のチャンネルはユーチューブでも最高速で閲覧数が増えているチャンネルの1つだ。

熱心なファンが毎回新作を楽しみに待っていて、作品が公開されるとすぐ熱心にシェアする。それだけでなく、一流ブランド、著名人、はては政府まで、高報酬でのビデオ製作をひっきりなしにグラハムに依頼してくる。彼は夢の人生を生きている。いや、それ以上の人生を生きている。

では、グラハムはどうやって成功したのだろう。グラハムは次のように言う。

要するに、理由はひとつだ。僕はブランドや自分と同じ趣味を持つ人たちと共同で仕事をしている。僕のアイデアにほかの人が資金を出すから、予算ゼロで企画が実現できる。たいていの人は知らないけれど、今まで僕と一緒に仕事をしたブランドに対して、ユーチューブに発表する僕の作品に限れば、まったく無報酬で制作をしてきた。

なぜグラハムのような強烈な才能を持つアーティストが無償で時間を提供しようというのか。それはグラハムが、目標のマッチングの驚くべき威力と価値を理解しているからだ。「僕の考えはこうだ。自分のビデオ製作費を誰かに払ってもらえるなら、自分ひとりでやるよりも質がうんと高くなる」。そして、高品質の作品を完成させることで、グラハムの将来の収入額も上昇する。

一方、グラハムが共同制作する個人、ブランド、ミュージシャンにすれば、グラハムがユーチューブにビデオ投稿するので懐を痛めずに宣伝ができるのはもちろん、原価で、すばらしい宣伝材料が製作できるというメリットがある。

「共同制作という手法がなければ、今の自分はなかっただろう」とグラハムは言う。最初はシンプルなプロジェクトで無名ブランドと共同制作し、その後、徐々に現在の名声を手に入れた。
「そういうビデオを2、3本制作して……信用を築いた」とグラハムは回想する。
その後、自分の過去の作品に関心を抱きそうな大手ブランドにアプローチし、無料でビデオを制作すると提案したのだ。

グラハムは真摯に根気よく1年半をビデオ制作に費やし、その結果、「ビデオに企業やブランドを登場させて、ビデオを買い取ってもらう際には言い値で請求できるようになった。依然として共同作業ではあるけれど、今は生計が成り立っている……。発言力が持てるようになったし、自分の作りたいビデオを自分の希望する企業や人と一緒に作れるようになった」と言う。

目標のマッチングを利用し、つまり、互いに利益が得られるよう相手の役に立つことができるという特殊な才能を使うことで、グラハムは世界を動かし、驚かせ、大きな影響をおよぼした。

人は、グラハムのことを愚かだ、頭がおかしい、映画界で働くなんて無理だと言っていた。だが工夫と血と汗と涙の努力によって、グラハムは人が不可能だと言うことをやり続け、後悔のない人生を生きている。

「イエス」を期待する――「ノー」を尊重する

いつも期待したとおりの答えが得られるとはかぎらない。それは仕方ない。礼儀正しく受けとめよう。そして、この金言を思い出そう。「自分が欲しいものが手に入らないとき、場合によって、それは思わぬ幸運なのかもしれないと考えよう」

ノーと言われるたび、その分、イエスに一歩近づくのだから。

アクション4 受け取る（Receive）

私は、ある日の午前中をずっとビーチで過ごし、帰ろうとして車のエンジンをかけるときになってガソリンがなくなっているのに気づいた。最寄りのガソリンスタンドまで歩き、店員にガソリン用のポリタンクを貸してほしいと頼んだ。店員が返事をするよりも先に、列に並んでいた見知らぬ男が、自分の小型バンにガソリンが満杯のポリタンクがあるので使ってくれと大声で言ってくれた。

その瞬間、私に贈り物が差し出されたのだ。自分が人の助けを必要としていたところへ、見知らぬ人が救いの手を差しのべた。だが私はノーと言いたかった。ほんの一瞬、人の助けを受けたくない理由があれこれと頭をよぎった。自分で何とかできるから、人に迷惑をかけたくないから、他人の助けを受けるのは気づまりだから……言い訳がいくつも浮かんできた。だが、好意を受けることのパワーを思い出し、善意に甘えることにした。

私はその男に、迷惑をかけて申し訳ないとやたらに謝り、何度も何度も礼を言った。その人が私の車の停めてある場所とは反対方向に行く予定だったと知り、ますます気まずさは募った。だが彼は、反対方向に行くハメになったと分かっても、まったく態度を変えず、にこやかに私を車のところまで乗せていくと言い張った。

彼の小型バンに乗り込み、中を見回すと、2つのことがすぐに分かった。ひとつは、その男は商売がうまくいっていない庭師だということ、もうひとつは魚が好きだということ。錆びた庭師の道具と何十本もの古びた釣り竿が置いてあり、魚の臭いが車内に充満していた。

彼と同業者の2人は、ちょうど釣りを終えて仕事に向かう途中だったという。仕事のことを尋ねると、最近は収入がかなり減っているが悲観はしていないと言う。「自分がこれから大金持ちになる見込みはなさそうだけど、なんとかやっていけるさ」と、幸せそうに目を輝かせている。

私は自分の車まで送ってもらい、恐縮しながら彼のガソリンを空のタンクに入れた。ところが車を急斜面に駐車しておいたため、ポリタンク1杯のガソリンでは足りず、エンジンは相変わらずかからない。最悪だ。この親切な他人にまたもや迷惑をかけると思うと心苦しかった。

それでも彼の態度は前と変わらなかった。それどころか、人助けができて心の底からうれしそうだった。ガソリンスタンドに戻る途中、私は彼の車の燃料ランプの空のサインが点灯しているのに気づいてびっくりした。私を助けようとしなければ、自分の車のガソリンがなくなることはなかったのに！

そこでやっと事情がわかった。彼は自分のバンのガソリンを満タンにするためにスタンドに来ていたのではなかった。満タンにするお金がなかったから、造園機械に使うガソリンをポリタンク1杯分だけ買ったのだ……なのに、そのタンクのガソリンを気前よく私にくれた。

私は小さなポリタンクをもう一度ガソリンで満たすと、彼にプレゼントをしたいと申し出た。「あなたのバンにガソリンを少し入れたいのだけれど」

彼は首を横に振った。「これはカルマなんだよ」と笑っている。「こうやっていると、次には自分が必ず助けてもらえる。ずっとそういうふうにやってきたんだ。自分が得しようと思ってあんたを助けたわけじゃない」と頑なに言う。

彼の気持ちは理解できた。だが、カルマの法則にしたがい、彼の親切に今この場で報いるべきだと思った。どうしてもそうさせてほしいと言い通し、彼のバンにガソリンを満タンに入れた。この見知らぬ人の私への贈り物は、思いがけなく10倍になってすぐに彼に返された。

贈り物、与える者、受ける者

与える者は誰か。受ける者は誰か。贈り物は何か。

庭師の贈り物はガソリン以上のものだった——私に対する無欲の気づかいだ。彼は、私が他人にはしないようなことを私のために無欲でやってくれた。今度は私が、彼が自分ではできないことを彼のためにどうしてもしたいと思った。

私たち2人の役割は入れ替わり、その日、私たちは2人とも受ける者になった。その日、私は幸せと感謝の気持ちと元気をもらって帰宅した。私の新しい友人も同じだったと思う。

感謝して相手から受け取れば、与える者も受ける者も勝者になれる。いつでも直接、すぐに何かを受け取るとは限らないだろう。だが、人の行為を快く受けることが、与える者にも受ける者にも恵みになる。

率直になる

アメリカンフットボールで最も重要なポジションの1つは、レシーバー（パスを受ける攻撃側の選手）だ。

1975～76年のリーグ戦プレイオフで、ダラス・カウボーイズはミネソタ・バイキングスとの試合に14対10で負けていた。第4クォーターが残り24秒となったところで、カウボーイズのクォーターバック、ロジャー・ストーバックはミッドフィールドからワイドレシーバーのドリュー・ピアソンに死に物狂いでロングパスを投げ、ピアソンは5ヤードラインでこれを受け、エンドゾーンに持ち込んで勝利をもぎ取った。

ストーバックはピアソンにパスをしたときのことをこう言っている。「目をつぶって、ヘイルメアリーを唱えた」。マリア様お願いします、と唱えたのだ。

ピアソンに向かってボールは投げられ、ピアソンは敵から離れた場所でかろうじて右腰でボールをとらえた。難しいキャッチだったがピアソンは踏ん張り、ボールを落とさず、走り込んで得点した。これがアメフトの世界でいちかばちかのロングパスを意味する「ヘイルメアリー・パス」が誕生した瞬間で、誰もが知るＮＦＬの歴史に残る有名なプレイになった。

私は贈り物を辞退したくなることがよくある。自分が必要としており、欲しくて、密かに（またはおおっぴらに）望んでいた物が手に入りそうになると、たちまち辞退したい衝動に駆られる。その理由を考えてみて、あることに気づいた。贈り物をどれだけ欲しくても、どれだけ必要だと思っても、それがどういうかたちで手元に届くかによって不満や気づまりを感じてしまうのだ。プライドや決まり悪さや当惑が強く、たとえ自分が何がなんでも欲しい、必要だと思っていた品物や援助さえ、快く受け取れなくなる。

フットボールのパスをフリーで受けるときと同様に、必要なもの、援助、助言を素直に受け取るのは必ずしも簡単ではない。いろいろな邪魔が入る。プライドはその最たるものだ。だが本当に成功したいのなら、欲しいものがどういうかたちで手に入るか気にしないで、プライドを抑え、気づまりに打ち勝ち、差し出されたチャンスをありがたく受け取らなければならない。誰かから何かを受け取るには、素直でいる必要がある。

手に入れることと、受け取ることの違い

私は自分の子どもたちにおもちゃを山ほど与えてきた。だが、おもちゃはまったく使われなかったり、一度か二度使われただけで戸棚の奥で忘れ去られて二度とその姿を見ることも音を聞くこともなかったりする。そして聞こえてくるのは、「パパ、もう飽きちゃったよ。遊ぶおもちゃがないよぉ」という声だ。

ありふれた土曜日の午後をクリスマスの朝に変えてしまうほど、子どもたちの戸棚におもちゃがあふれているのを思い出し、私は黙って首を横に振る。うちの子どもたちは、贈り物を本当の意味で受け取ったのだろうか。ただゲットしただけ、手にしただけではないのか。

私たちは毎日のようにチャンスという贈り物の申し出を受けている。私たちはそれをチャンスと認識しているだろうか。人生のチャンスがそこに来ていることに気づいているだろうか。

贈り物をあげると言われたとき、3つの選択肢がある。断るか、手にするか、受け取るか。

断る――贈り物をあげると言われても断れば、自分の成功の可能性にドアをピシャッと閉めたも同然だ。自分の夢よりもプライドが大事だと言ったも同然だ。

手にする――贈り物をあげると言われ、それを手にした後で棚にしまい込んでしまえば、受け取ったことにはならない。手にするだけでは、手前勝手で一方的な行為だ（尊大でもある）。

受け取る――本気で受け取るには、贈り物をしっかりつかんで走らなければいけない。目標を

達成し、プロジェクトを成功させ、勝利を勝ち取ろう！

あのとき、ピアソンが敵からフリーでいなかったら、カウボーイズのチーム史はどう変わっていただろうか。または、フリーでいたとしても、ボールを取り落としていたらどうだろう。カウボーイズはその年、スーパーボウルでプレイできなかったし、ワイルドカードでスーパーボウル制覇を成し遂げたNFC初のチームにもならなかっただろう。

ピアソンはパスをたしかに受け取り、しっかりとつかみ、走り、得点した。それが受け取るという行為のパワーだ。自分のいるところにボールが飛んできたら、逃げないこと。

贈り物を受け取るという行為は、取引でもある。贈り物を受け取るということは、贈り物を手に、走って得点するということだ。

受け取るという行為が贈り物になる

受け取ること——きちんと受け取ること——は、贈り物を与える者に対してあなたのできる最高の贈り物だ。

あなたが私のように、贈り物を受け取るとき、プライドが頭をもたげ、自己愛に傾き、きまりも居心地も悪くなるなら、あなたと贈り主は同じチームに所属していることを思い出そう。ストーバックがピアソンを援護し、彼が得点してくれると固く信じたように、贈り主はあなたにボールを渡そうとしている。あなたが受け取り、走り、得点するのを待っている。

あなたが贈り物を受け取れば――それもしっかりと受け取れば――それは贈り主への感謝と尊敬の表明になる。実は、贈り物を受け取るということは、贈り主を受け入れたことにもなる。贈り主は、あなたが走り、得点するのを目の当たりにして幸せになり、あなたの成功にほんのわずかでも（あるいは大いに）貢献できたと分かり、満足する。

ＳＴＡＲＴの「Ｒ」であるReceiveは、「他者から受け取る」と言う意味だと考えられるのだが、実はそうではない。「他者を受け入れる」ことなのだ。誰かがあなたに贈り物をするとき、あなたはその品物やサービスや支援を受け取るだけではない。贈り主をも受け入れる。そして、相手もあなたを受け入れる。

こんなモットーはどうだろう。「受け入れよう、そして受け入れられよう」。与える者と受ける者が、感謝を込め、敬意を払って、互いを同時に受け入れ合うとき、価値のある、長続きする人間関係が生まれる。何かを受け取る行為は与える行為よりも難しいのだが、他者の自分への奉仕を認めることで、両者が互いに高め合える。

良き受け取り手

ラジオの電波が悪い場合、人はどうするだろう。音がよく聞こえるまで、アンテナやチャンネルを調整する。それでも鮮明な音が入らなければ、別のチャンネルに替えるだろう。あなたの夢に対する謙虚さ、信頼、思い入れが強くも明確でもなく、あなたが良き受け取り手でない場合、別のチャンネルに切り替えるみたいに、あなたが手にするはずの贈り物はほかの誰かに渡されてしまう。そんなことにならないように！

感謝して受け取る――贈り物を歓迎し、贈り主に感謝の念を誠実に伝えること。

尊重して受け取る――どのような贈り物を受けるときも、贈り主に対して品位、尊重、尊敬を表すこと。

謙虚に受け取る――自分が受け取った物は、人の手を経た物であることを理解し、そのことを忘れない謙虚さを持つこと。

ダイヤルを合わせ、準備を整えておこう。次に贈り物をあげると言われたときは、良き受け取り手になろう。

アクション5　他者を信じる！（Trust）

マイケル・アブラショフは、１９９７年に米海軍駆逐艦ベンフォールド号の指揮官に就任したが、この艦の指揮官になるのは荒れ狂う嵐の海に乗り出すに等しかった。乗組員は、「艦船での生活への不満だらけで、（アブラショフの）前任者が退任し、艦を離れるときは喝采が起こったほどだった」

アブラショフは、自分の退任時に同じことはさせまいと心に誓った。アブラショフの就任後の最初の目標は、乗組員の定着だった。前任者のとった「艦長の言ったことは言われたときに言うとおりにやれ。質問は許さない、意見も聞かない」という流儀に効果はなかった。アブラショフは、自分が艦長に就任した当時の乗組員の士気は完全なる喪失状態としか言いようがなかったと述べている。

「乗組員が自分の職務に専念し、画期的な成果をあげる」を目標に掲げたものの、どうすればそれが実現できるか途方に暮れた。どうすれば前任者と違うやり方ができるか、どんな方法があるだろうか。艦船は米国海軍に所属している。しょせん何ごとも厳格な規則にしたがって動く。

だがアブラショフは目標から決して目をそらすことなく、ニュー・スマートを実践するような決断をした。アブラショフによると、「自分はもう昇進できないかもしれないと思ったが、そのリスクも顧みなかった。戦闘態勢の確立、乗組員の維持、信頼の醸成という自分の目標を達成する唯一の道は、２２５年にわたる米海軍のやり方を拒否することだと気づいた」という。

すぐに仕事に取りかかった。膨大な作業の第一段階は、乗組員全員に一人ずつ面接を行うことだった。アブラショフによれば、「私は、軍でキャリアを積む間に、どのような司令官であっても艦船の能力・知力を一人占めできないことを理解した。甲板の下には、あふれるほどの創造力とノウハウが隠れていて、解放されるのを待っている」という。

乗組員との面接でアブラショフは相手に意見を求め、じっくりと耳を傾け、乗組員の出す提案の多くを実行に移した。アブラショフが地道に、創造的な革新を提案するよう励まし、発言の自由を乗組員に与えると、艦船の士気に変化が出てきた。同様に大事なことだが、アブラショフは自分が持ち込んだ新しい指導体制と、規律を守るための「乗組員が越えてはならないきわめて明確な境界線」とのバランスを保った。この自由度と規律とのバランスが信頼の醸成に役立った。

まもなく、アブラショフが狙ったとおり、乗組員はベンフォールド号に当事者意識をもつようになった。「本艦は乗組員諸君の艦である」とアブラショフは言った。「乗組員の多くは、（アブラショフが目指した）信頼と責任を持つようになどと、それまで言われたことがなかった」

アブラショフ艦長の型破りな手法の最終的成果は、艦長本人の言葉が如実に伝えている。


ベンフォールド号の艦名は、朝鮮戦争で衛生兵だった下士官エドワード・ベンフォールドにちなんでいる。1952年、ベンフォールドが砲撃戦で負傷した2名の海兵隊員を塹壕で治療していると、敵の兵士数人が手りゅう弾を投げ込んできた。ベンフォールドは手りゅう弾をつかむと、襲ってくる敵兵に突進し、自分もとろも敵を吹き飛ばした。

死後、ベンフォールド衛生兵に栄誉メダルが贈られた。ベンフォールドが守った2名の海兵隊員は今も健在だ。私のベンフォールド号艦長就任式には、そのうちの1名が参加した。

このことは乗組員に話したことがないが、ベンフォールド衛生兵に自分の名を冠した戦艦を誇りに感じてほしいと思った。われわれはそれを実現したと思う。ベンフォールド衛生兵が戦友にしたように、われわれも乗組員と上層部が一緒になって、たがいをどう守るかを学んだ。ベンフォールドのように、われわれも多大なリスクを進んで冒した。現実には彼のような犠牲を払いはしなかったが、必要であれば乗組員全員が彼のように行動すると、私は信じている。

アブラショフ艦長は大変革をどうやって進めたのだろうか。

信頼を示したのだ。アブラショフによれば「私は、自分の艦と軍歴のすべてをかけて、乗組員を信頼した」。間違いなくそれが変化をもたらした。

信頼はバカげたことだ

アブラショフ艦長のように、私たちも荒れ狂う海を漕ぎ進んでいるようなものだ。私たちは今、でっち上げに満ちた低信頼社会に生きている。

「信頼なんておめでたい考えだ」

「信頼には相当なリスクが伴う」
「信頼はバカだ」

信頼はリスキーだろうか。たしかにそうだ。でも、不信もリスキーだ。スティーブン・M・R・コヴィーが言うように、「自分が信頼できない5パーセントまたは10パーセントの人間に、自分の信頼する90パーセントまたは95パーセントの人間のことをとやかく言わせないことだ」。

信頼は今、ビジネスでも人生でも、かつてないほど重要になっている。だからこそ、自分に正直でいることが有意義な成功につながるので、その価値が高まっている。消費者、起業家、企業幹部、従業員、同僚、家族、友人など、人はみな、信頼できる誰かと絆を結びたいと願っている。ほかのどんな原則にもまして、信頼できる人間であること、他人に信頼を寄せることが、現代の「嵐のような」グローバル経済におけるあなたの強みになる。

「信頼を得ようとするのでなく、信頼の上に立って行動する」

信頼を寄せると言っても、通りすがりの誰彼かまわず、自分の競争優位の秘訣を教えなければならないという意味ではない。信頼とは単に、信頼に足る人間を選んでつき合い、自分自身が信頼に足る人間でいるということだ。簡単に言えば、人を信頼しろ、人に信頼されろ、である。

英国のハロルド・マクミラン元首相はかつてこう言った。「誰も信頼しない人間は、ともすれば誰からも信頼されない人間だ」

エデルマンは世界最大のPR会社である。毎年、世界中の政府、企業、メディア、NGOに対する信頼度を調べる「エデルマン・トラスト・バロメーター」という調査を実施している。エデルマンの社長兼CEOのリチャード・エデルマンは言っている。

信頼を得ようとするのでなく、信頼の上に立って行動することだ。信頼は、何かの成果や状態を越えたものになった。同盟関係を結ぶよう求めるときや変革を奨励するときに不可欠なツールだ。信頼は、情報を伝え、理解させるとき、フィルターの役割をする。

従来の信頼という意味では、「良い知らせ」は信頼を築くためのツールであった。今では、信頼は良い知らせを信じてもらうときの必要条件である。エデルマンのバロメーター調査では、信頼できない会社に関する悪い情報は1、2回くり返されれば信じられてしまうが、同じ会社に関する良い情報は4、5回くり返さないと本当のこととは受け止められない。

今の世の中にはたくさんの異なる意見が騒々しく存在している。多くの雑音の中から誰を信頼したらいいかは、簡単には分からない。バカげたプロジェクトを実行に移す準備段階で最善のことは、「信頼を得ようとするのでなく、信頼の上に立って行動する」姿勢を持ち続けることだ。

どんなプロジェクトでも、いちばん根底の信頼という基礎の上に立って行動しなければならない。公的か私的かに関係なく、信頼できる人とだけつき合い、相手に信頼してもらうに足りる人間でいるよう、努力しよう。

信頼を築くための４つの方法

①**まず、自分を信頼する。**「私たちは自分を信頼してはじめて、どう生きたらいいのかが分かる」。私はこのゲーテの言葉が大好きだ。あなた自身があなたを信頼していないのに、人があなたを信頼してくれるまで待っていてはならない。あなたが自分を信頼しなければ、誰があなたを信頼するというのだ？　エマーソンが言ったように「自分を信頼することが成功の最初の秘訣」だ。

ここで過去を振り返ってみよう。あなたは自分への約束を守っているか、他人への約束を守っているか。人からの信頼に応え続けているか。人から受け取る報酬に見合うよう正直に働いているか。自分を信頼すれば、人もあなたを信頼する。

②**自信を持つ。**信頼と自信は車の両輪だ。自分自身、自分の価値、自分の能力、自分のバカげたアイデアに自信を持てば、他人はあなたを信頼するし、信用する。恐怖心、うぬぼれ、先延ば

し癖を克服し、とにかく自分を信じること。自信は信頼を、信頼は自信を生む。

③先に相手を信じる。あなたが先に相手を信じると、相手は奮い立ち、やる気を出す。信頼に応えたいと純粋に感じ、温かい期待に応えたいと思う。

反対に、もしあなたが誰かに疑いの目で見られれば、あなたは気持ちが高揚したり、モチベーションを感じたりするだろうか。そんな相手を信頼してもいいと思うだろうか。もちろん無理だ。相手を信頼できなければ、感情面でも理性面でも警戒するだろう。相手が何か隠していやしないかと気になり出し、相手の意図も気にかかってくる。不信は、心配、疑念、疑惑を高めていく下降スパイラルだ。

そうならないよう、自分が先に相手に信頼を示すことだ。ヘミングウェイは言っている。「誰かを信じていいかどうかを知る最善の方法は、その誰かを信じてみることだ」

④言行一致。不正直と約束違反ほど、あっという間に信頼を打ち砕くものはない。逆に「有言実行」の姿勢ほど、瞬時に信頼を築くものもない。

（仕事でもプライベートでも）あなたの行動のすべてにおいて、人があなたに信頼をおかざるを得なくなるよう行動しよう。つまり、動機、言葉、行動において、つねに信頼に足る人間であろうとするということだ。

そうすれば、(あなたが自分のチームにぜひとも加えたいと思うような)頼りになる人材が、あなたの真価を認め、一緒にプロジェクトをやりたい、あなたの目標達成の手助けをしたいと思うようになる。

人に奉仕し、感謝し、求め、受け取ることが、人間関係でも仕事関係でも信頼を手に入れる最短の道だ。

なぜかって? この原則にしたがって生きることは、人格形成に前向きに取り組むことであり、ひいてはそれが(信頼というものの基礎を築く)自尊心と自信を高め、能力や生産性を向上させ、もっと大きく有意義な成功を手に入れるのに最も直結している道筋だからだ。

START——点と点をつなぐ

奉仕する、感謝する、求める、受け取る、信頼するという行為が互いに調和すれば、そのパワーは強力だ。STARTの原則を取り入れれば、戦略的に人と結びつき、自分の能力を発揮し、そうした行為を行う場面が御しやすくなる。

STARTの原則は、人と人を結びつけるための継続的な原則として活用するときに最大の効果を発揮する。「継続的原則」と言ったのは、時間の経過にともなって段階を踏んで利用する原則ではないからだ。この原則は、人生において仕事と私生活の両方の行動の「第一の拠り所」とすべきだ。

私たちは今、人間同士の接触が少ない世界に生きている。電子機器を介した交流が顔と顔を合わせての交流よりもずっと多くなっている。世界中の人とつながることは今はとても簡単になったが、皮肉なことに、心の底から相手と通じ合うこと、有意義な関係を作り出すことが昔よりもはるかに難しくなった。それが成功をも難しくしている。

多動性障害の専門医であるエドワード・M・ハロウェル博士は、「人間は、人から孤立すればするほど、ストレスが高まる……。人と心をつなげ、不安を減らすことが知力を高める。少なくとも4～6時間に1回、『人間的瞬間』、つまり自分の好きな人と顔と顔をつき合わせて交流すると、脳は満足する」と言っている。

ＳＴＡＲＴは「人間的瞬間」をつくり出し、「脳が求めているもの」を届けてくれる。

私たちは、自分を導くＳＴＡＲＴの原則から力を得て、有意義な関係を築き、チャンスが到来したときにこの手でしっかりとつかみ、成功のスピードを加速し、信頼を築き、人を尊敬すると同時に尊敬を受け、価値ある何かを学び、意味あるかたちで他人（および世界）に貢献する準備を整えることができる。

そして何よりもすばらしいことは、ＳＴＡＲＴが双方向性だということだ！　あなたがＳＴＡＲＴを実行すればするほど、相手も進んであなたに奉仕し、感謝し、あなたの助けを求め、あな

START するために生きる	生きるために START する
奉仕するために生きる	生きるために奉仕する
感謝するため生きる	生きるために感謝する
求めるために生きる	生きるために求める
受け取るために生きる	生きるために受け取る
信頼するために生きる	生きるために信頼する

たの贈り物を受け取り、あなたを信頼する。

あなたは、豊かにものを与え、受け取ることになるが、それはSTARTを実践する勇気をもった結果だ。STARTという永遠に有効な原則は、どんなプロジェクトにも成功をもたらす安定した基盤になる。そしてSTARTは誰でも始めることができる。本当に、誰でもだ。

ここでギャビンの法則をもう少し拡大して適用し、STARTについてのもう1つの解釈を最後に紹介したい。

STARTするために生きれば、生きるためにSTARTを活用していくことになる。

誰でも偉大な人になれる……それは、誰でも人の役に立つことができるからだ。

――マーチン・ルーサー・キング・ジュニア

自分が丘の高い所にいなければ、後から丘を登ってくる人を助けることはできない。

――ノーマン・シュワルツコフ（元米軍将軍）

他人の成功に手を貸せば、自分も大きな成功を早く手に入れられるというのは、まさに真実だ。

――ナポレオン・ヒル（『思考は現実化する』の著者）

感謝には、どんな当たり前のことも賜物に変える力がある。

――バーバラ・フレドリクソン（心理学者）

人に頼むことが、何かを与えられることの第一歩になる。ティースプーン1本持って海に乗り出さないこと。子どもに笑われないよう、少なくともバケツくらい持っていきなさい。

――ジム・ローン（著名な自己啓発本著者・講演者）

自分の人生の内面も外面も、すでにこの世を去った人も含めて、他人の努力のおかげで成り立っている。だから私は、自分が過去に受け取り、今も受け取っているのと同じ量だけの努力で、人のために尽くさなければならないと毎日１００回は思い出すことにしている。

――アルバート・アインシュタイン

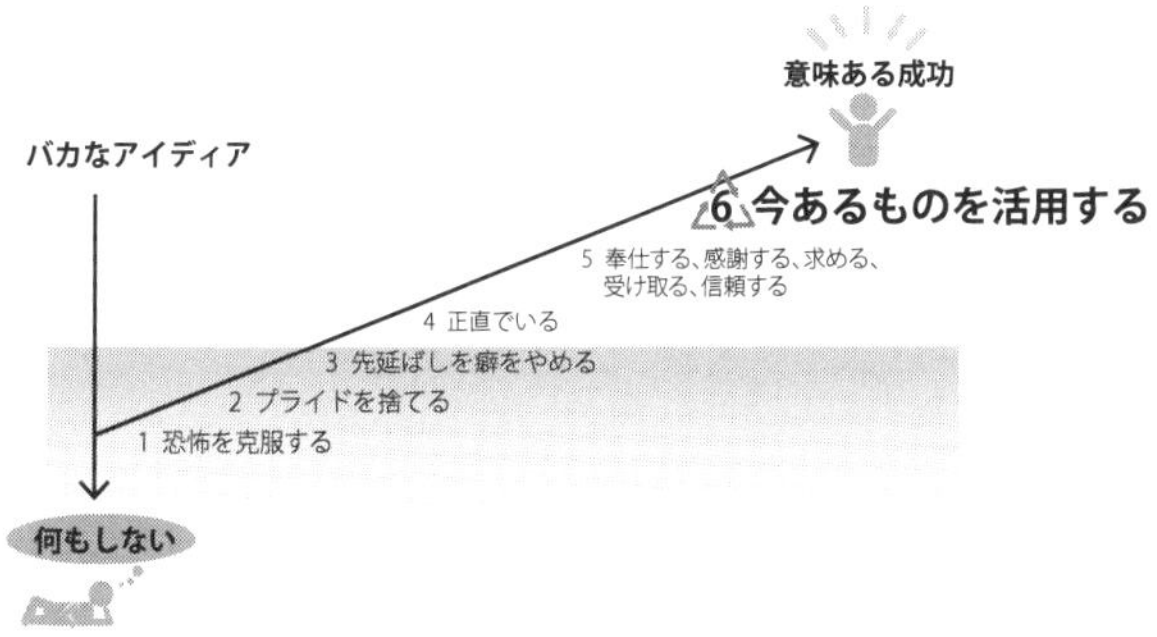

13

今手元にある資源を活用する

セレブ愛用のモカシンシューズを作る方法

私に支点を与えよ。さらば、地球を動かして見せる。

——アルキメデス

クリスとスーザンのピーターセン夫婦は、家計のやりくりで苦労していた。夫婦の第一子である娘が誕生したばかりだった。あたりまえだが、子どもが生まれればさらにお金がかかる。

そのころまだ学生の身分だったクリスにとって、家族を食べさせていくのは容易でなかった。学期と学期の間の休みには窓の取り付けのアルバイトをした。妻のスーザンは生後9カ月の娘の世話する一方で、収入が安定した保証のある生活と自由を求めて、クリスが外で働いている間、家にいながらにして家計を助ける方法を探していた。

「インターネットで見かける『在宅であっという間にお金持ち』とかの広告につられたわけではないけれど、育児の合間にお金を稼ぐ方法が何かあるはずだと思ったの」とスーザンは言う。

ある日、「モノを作ってネットで売る」と誰かが言っているのを小耳にはさんだ。面白いと思ったスーザンはすぐに試してみることにした。特に芸術的センスに自信があるわけではなかったが、「家にミシンはあったし、型紙どおりに縫うことはできたわ」と当時を振り返る。

スーザンは革でバッグや財布などの小物をつくることにした。ただひとつ問題は、ビジネスを始める資本金がないことだった。

だがスーザンはあきらめなかった。機転の利くスーザンは、夫の仕事場で取り換え後に不要になったアルミ窓枠に目をつけた。それをどうするのかと尋ねたところ、古い窓枠は積まれてホコリをかぶるに任せてあると知り、ガラスを外したアルミ枠をリサイクルして現金に換える許可をとりつけ、自分の資金にした。

最初は事業規模が小さかったので、成長もささやかなものだった。価格の設定方法や商売のノウハウは皆無に近かった。だが持ち前の創意工夫の精神を活かし、試行錯誤を続け、自分のつくった品物をハンドメイド雑貨のオンライン市場エッツィー（Etsy）に出した。商品が売れなければ、評判がよくなかったと考え、デザインに手を加えて再出品した。当時のスーザンのベストセラー商品は5ドルの財布（送料別）だった。スーザンは約2年間にこれをおよそ2000個販売した。

その間に、夫婦に次の子どもである息子が誕生した。息子の誕生をきっかけにすべてが変わっていった。

息子に履かせる「かわいい」靴が見つからなかったので、スーザンは自分で作ることにした。靴をつくった経験はなかったが、オンラインで型紙を探し出し、型紙に独自のデザインを加え、子ども用のシンプルなモカシンができあがった。満足のいく仕上がりに、お客の反応を見るためオンラインで販売してみることにした。それがヒット商品になったのだ！　ベビー用モカシンはスーザンのビジネスの柱になった。

しばらくしてスーザンのもとに育児誌『ペアレンティング』のファッション担当編集者からEメールが届いた。スーザンのビジネスに以前から注目していたという編集者は、モカシンを絶賛し、セレブタレントのコートニー・カーダシアンへの贈り物に使いたいので、一足、同誌に贈ってほしいと言ってきた。

「正直、どう答えたらいいか分からなかった。それがものすごいチャンスだとは思わなかったし、ちょっと反抗したい気分にもなったの」とスーザンは言う。そして、モカシンがほしいのならほかの顧客と同様に代金を支払うのが当然だと編集者に返信した。

幸運なことに、編集者はスーザンが業界事情に疎いのにあきれることなく、記事広告のしくみを教えてくれた。それを聞いたスーザンは即座にモカシンを一足贈った。

モカシンはコートニー・カーダシアンのお気に入りとなった。モカシンを履いたカーダシアンの息子の写真が『ペアレンティング』誌の表紙になり、その号が発売された翌週、コートニーと息子の写真がどの芸能誌にも掲載された。コートニーの息子の写真が出るたび、スーザンのモカシンも人の目に触れた！

殺到する取材申し込みへの対応が分からなかったので、スーザンはPRを専門にしている信頼のおける友人に助けを求めた。この友人がファッション業界の広報のプロを紹介してくれ、それからは誰もが知る出世物語だ。

スーザンが商品を売るオンラインショップ「フレッシュリーピックト（Freshly Picked）」の名は、今ではアメリカのどの家庭でも知られている。スーザンの商品は『ペアレンティング』『アスウィークリー』『インタッチ』『グッドハウスキーピング』などの雑誌に次々と取りあげられた。「実は今でもよく分からないけれど、そのころ、目標を立てれば、それを達成することが自分にもできるんだっていつのまにか理解したの」とスーザンは言う。

レバレッジを理解する

レバレッジ（テコ）は効果を高めるため、利用できる資源をテコの原理のように最大限に活用するという意味だ。レバレッジするとき、成功を手に入れるために手元にある資源を結集する。

多くの有望なアイデアが、バカげたアイデアからプロジェクト段階にも進まないうちに失敗するのは、成功に必要な資源が足りないこと（たとえば、時間・教育・資金の不足）にこだわりすぎるからだ。知恵を働かせ、不足しているものに固執するエネルギーを別の方向に向ければ、手元の資源を効果的にレバレッジする方法が見つかる。皮肉にも、その努力をしていると、最初に障害だと思ったものも乗り越えられる。

スーザン・ピーターセンがその好例だ。彼女の物語は「必要は発明の母」ということわざを地で行っているだけでなく、その一歩先を行き、発明に「はずみ」をつけ、最後は意味ある結果を手にした。

何度も言うが、スーザンは機知に富んでいた。不足を気にせず、その時点で利用できる資源をレバレッジして障害を解決し、自分のニーズをうまく満たした。手に入る資源をレバレッジすることが、時間・教育・資金不足の克服につながった。

今ある資源をレバレッジしないで、バカげたアイデアを実行に移そうとするのは、ジャッキもないのに車を持ち上げようとするのと同じ。テコの原理、すなわちレバレッジを使えば、ジャッキのレバーを片手で操作するだけで車を地面から持ち上げることができる。もちろん最低限の作業と時間は必要だが、レバレッジは成功の可能性を飛躍的に高めるものなのだ。

レバレッジの法則

レバレッジの法則を理解するには、アルキメデスとヒエロン王の逸話を思い出すといい。アルキメデスは、適切にやりさえすれば自分はどんなに重い物でも持ち上げることができるとヒエロン王に宣言した。「私に支点を与えれば、地球さえ動かせます」と豪語したのだ。

王は、証明が不可能なことを実行できると言うのは簡単だと反論した。そして「シラクサの全臣民が力を合わせても動かせないほど」大きな船をひとりで動かせとアルキメデスに迫った。

約束の時間、ヒエロン王と臣民の見守る中、アルキメデスは「落ち着いて、滑車につないだベルトだけを手にし、船を（引き上げて）滑らかに安全に、まるで海の上を滑らせるように楽々と移動させた」

ヒエロン王は「今日以降、アルキメデスの言葉はすべて信じるように」と命じた。テコの原理を利用したアルキメデスは、片手だけで「シラクサの臣民すべての力を合わせた」よりも大きな力と効果を発揮した。

テコ（レバレッジ）は新しい原理ではなく、非常に古くからある。農民は、手元にあるタネや水を使って作物を生産する。発明家は、既存の道具や材料を使って新しい製品をつくる。メーカーは材料を集め、機械を設計し、他人のバカげたアイデアを製品化する。芸術家は今ある材料を使って芸術を生みだす。ベンジャミン・フランクリンは電気を発明したわけではないが、それを利用した。

自宅近くのスーパーマーケットを思い浮かべてほしい。スーパーは店頭で販売している商品を実際に生産しているだろうか。場合によっては生産しているかもしれないが、たいていは私たちの食卓に並ぶ食品を棚に陳列するため、ほかの誰かの作った製品を利用している。

映画館は誰かの製作した映画を上映し、ラジオ局は誰かの書いた曲を放送し、新聞は誰かの話を報道している。教師は他人の情報を教えているし、作家も自分の主張を正当化するため、ほかの著者の言葉を引用している。

今、インターネット上では他人の情報が利用されているが、それは現実の世界で長い年月行われてきた行為のオンライン版にすぎない。グーグル検索をひと言で言えば、それはレバレッジ、つまり活用だ。グーグル検索は他人の情報を活用することで成り立っている。グーグル自身は情報を生みださない。情報を体系的に整理するツールにすぎない。

同じことがフェイスブック、ユーチューブ、ツイッター、ウィキペディア、アマゾンなどのインターネットの大手サービスについても言える。これらのサービスは優秀な情報集積者であり、プラットフォームの提供者だ。

私たちはこうしたサービスにコンテンツを提供している。これらのサービスはツールを駆使して現代世界に付加価値をつける。私たちは自分の情報がこうしたサービスの成長に利用されることを許可している。ここでは誰もが勝者なのだ。

それでも私たちはレバレッジについ尻込みしてしまう。プライドを抑えられない、自分が必要なものを人に求められない、人から何かを受け取れない、人を信頼できないのと同様に、さまざまな理由でレバレッジを敬遠する。自分ひとりでゼロからやって成功しなくては恥だと思い込んでいる。

養鶏業者が自分で卵を産まなければペテンだとでもいうのだろうか。もしあなたが自分ひとりで成功を勝ちとらなければ堂々と成功したとは言えないと思うのなら、最高の成功に至るチャンスは手に入らない。

ありきたりの場所に隠れているレバレッジの発見

あなたが必要とする資源はどれも、すでにあなたの手元にある。成功を手に入れるために今すぐ使えるツールがあるのにそれを使わないのは、手で水を掻いてボートをこぐよりも、爪でネジを抜こうとするよりも愚かだ。私たちの周りにはテコ（レバレッジ）がたくさん隠れている。それを見つけること。そして利用すること。

ここで、目前の難題を克服するときに、手に入る資源をどう活用するのかをご紹介しよう。

既存のテクノロジーを活用する

技術進歩のおかげで、私たちは途方もなく大きな影響をおよぼすことも、受けることもできるようになった。インターネット上で提供される情報、ツール、サービスを使えば、ほぼどんなことも可能だとさえ言える。

私たちは今、わずか数時間で、自分のTV番組を放送したり（ユーチューブやビメオ）、本を出版したり（アマゾン）、コラムを始めたり（ブログ）、世界を相手に販売市場をひらいたり（ウェブサイト）できる。夕食を食べながらバーチャルアシスタントを雇うことも、自宅のソファーに腰かけたまま製品を外注生産することも可能だ。テクノロジーを活用すれば、関係を築くことも、既存のソーシャルメディアを介して対象の顧客層に自分の製品やアイデアを瞬時に売り込むこともできる。

例えば私は、電子書籍『*Résumés Are Dead and What to Do About It*』を執筆していた当時、電子書籍のデザインについて何の知識も持っていなかった。原稿は書き上げたが、その先で行き詰まってしまった。斬新で魅力的で見た目も美しい本にしたかったのだが、その本は5日後の講演会で配布することになっていた。もちろん、私は問題解決にテクノロジーを利用した。

インターネットでグル・ドットコム（www.guru.com）とイーランス・ドットコム（www.elance.com）（いずれもフリーランスの専門家を検索するサイト）にアクセスし、本のデザインを請け負う世界中の人材を調べた。数時間後にはウクライナのデザイナーに仕事を依頼していた。

本は講演会に間に合い、好評を得た。私が契約している出版社が目を留め、出版することになった。その結果、アマゾンから電子書籍で発売され、ビジネス・投資部門の第1位、キャリア部門の第1位、求職活動部門の第1位、キンドルの無料ダウンロードの第1位になった。何かバカなことを始めるパワーに強力なレバレッジを組み合わせれば、魔法を手にしたのと同じだ。

ただ、オンラインで投稿したコンテンツは、公表後、永久に残る可能性があることを肝に銘じなければならない。ソーシャルメディアやその他のオンラインサービスを何も考えずに利用すると、望ましくない状態が永遠に続いてしまうかもしれない。

現在または未来の雇い主、学校の入学審査委員会、伴侶が、いつかあなたの投稿を目にする可能性がいつまでも残る。50代になっても、高校時代や大学時代のスキャンダルめいた事件がいつまでも人目にさらされるなんて、ゾッとするだろう。

人生は、最高の正直さと誠意と配慮をもって生きること。特に、ウェブの遊びの世界ではなおさらだ。

縁をレバレッジする

強い縁

目標を達成するには、自分と同じ考え方をする（そして心の広い）友人や仲間と真実の関係を育て、確かな縁を結ぶことが不可欠だ。普通、友人同士は同じような考えを持ち、同じように行動し、着るものの趣味も似ている。

いちばん多く一緒に時間を過ごす人がどういう人であるかが、私たちに刺激を与え、やる気をもたせ、私たちの人間形成に影響する。同じようなモノの見方をする善良な人とつき合っているうち、チャンスが来たら、相手に（そして相手はあなたに）手を貸し、互いの特異な才能や資産を活かすことができるような準備が整っていく。

そしてネガティブな人間や環境を避けよう。それがいつかあなたにプラスになる。昔から言われているが、「腐ったリンゴひとつが、樽の中のリンゴを全部ダメにしてしまう」。

低水準のパフォーマンスに甘んじ、できるかぎり誠実であろうとしない人、豊かさマインドを持たない人とつき合えば、いつかあなたの能力、誠実さ、成功への信念も揺らぎだす。誰かが言ったように、「大金持ちになりたかったら、大金持ちとつき合え」ということだ。

これはどんなことにも言える。でかい成功を手に入れたい、何かを成し遂げたいのなら、そういうことを成し遂げた人とつき合うこと。そうすれば、夢に生きるパワー、夢を実現するパワーが強くなる。

弱い縁

強い縁はマーク・グラノヴェッター教授の言う「弱い縁」にも近づきやすくしてくれる。ハーバード大学のリンダ・ヒル教授と企業役員のケント・ラインバックは、共著『ハーバード流ボス養成講座』（日本経済新聞出版社）のなかで、グラノヴェッター教授の思想をさらに発展させ、「弱いきずなは自分の知らない世界とつながらせ、世界を広げ、珍しい情報や自分の知らない資源に近づけてくれる」と述べている。

弱い縁という考え方は、「六次の隔たり」という有名な理論になぞらえてもいい。この理論は、自分の知り合いを6人以上介せば、世界中の人々と間接的な知り合いになれるというものだ。

自分の目標達成に必要な人や資源に直接的なつながりがない場合も、自分が強い縁を持つ誰かや資源を利用すれば、たどりつきたいと思っていた人や資源に最終的につながる可能性がきわめて高いということだ。

たとえば私は縁（強弱両方の縁）のパワーを活用し、さらにＳＴＡＲＴの原理を利用し、本書を読んで好ましい批評をしてくれるベストセラー作家にたどりつくことができた。

時間をレバレッジする

レバレッジが決定的に重要である理由は、何よりも時間の効果的な管理に役立つからだ。

ギャビンの法則で学んだ教訓を思い出そう。人生は短い。目標に達するまでに使える時間は限られていて、どのくらい使えるかは分からない。いずれにしろ、時間という限りある資源はどんどん過ぎていく。時間をレバレッジし、自分に有利に使うことだ。

時間が十分にあるとき

成功に必要な資源のすべては手元にはないが、自由な時間だけはたっぷりとあるというとき、目標達成に向けてその時間をうまく活用することができる。

いくつものアイデアについて調べ、有意義なコネを開拓し、自分が成功したいと思う分野で成功した人の例を研究することに自由な時間を使おう。だが、自由に使える時間も、いつまでも可能性を探るためだけに浪費してはならない。

時間が足りないとき

時間が十分にないとき、協力というかたちで他人の時間を（そして結果として他人の持つ価値ある資源を）活用することができる。

よくあることだが、目標達成のために使う時間があるとき、他人の専門知識や資源はあまり頼りにしないだろう。この点で、時間が足りないことは恵みである。なぜなら、成功のために人の時間を活用し、その結果優れた才能をも活用できるからだ。

時間が足りなければ、積極的に誰かと手を組むこと、協力すること、外注の可能性を探ることができる。俗に言うように、「人が多ければ、仕事は楽になる」。もっと大きな成功を手に入れるために他人の時間や才能を活用すると、最大限の成功を最速で手に入れることも可能だ。

教育（経験）を活用する

メンターを見つける

目指す成功に必要な教育や経験が自分にない場合、メンターと手を組めば、学習曲線問題も克服できる。メンターが必要な知識、経験、技能を持っているからだ。

誰かがすでに犯した過ちを、わざわざ繰り返す必要はない。メンターとの関係を活用するということは先人の知識を利用するということで、あなたもメンターも、1人で取り組むよりもずっと大きな成果を達成できる。

例えば、ヒューレット・パッカード（HP）の創設者の1人ビル・ヒューレットは、若き日のスティーブ・ジョブズのメンターだった。

ジョブズが中学生のころ、学校の宿題で部品が必要になった。ビル・ヒューレットに電話してみたらと誰かに言われた。電話帳でヒューレットの電話番号を見つけた12歳のジョブズは電話をかけて「ヒューレット・パッカード社のビル・ヒューレットさんですか」と尋ねた。「そうだ」とビル。ジョブズが電話で用件を伝え、ビルは宿題の話に耳を貸した。

数日後、ジョブズはHP社を訪ね、ビルが集めておいてくれた袋いっぱいの部品をもち帰った。後日、ジョブズは夏休みにHPでアルバイトをすることになる。

必ずしもメンターに直接師事する必要はない。私のすばらしいメンターたちは、何百年も前にこの世を去った人たちだ。他人の経験や知恵を活用したければ、本や自伝を読めばいい。リーダーになる人は本をよく読む人でもある。それには理由がある。本を多く読むほど、リーダーとして効果的な能力の発揮ができる。

私は、学習曲線という問題を乗り越え、自分の目標達成に必要な力を借りるため、実人生でも本を通じてもつねにメンターを探している。

メンターになる

メンターになれば、自分の教育と経験を活用することができる。誰かのメンターになれば、おそらく自分ひとりでは関与することもなかったようなプロジェクトに関与できる。

年齢を重ね、体力が低下すると、プロジェクトによっては自分が中心になることは難しくなるだろう。あるいは一定の分野で成功したが、ほかの分野にまで手を出す時間の余裕はないという場合もある。

理由はともかく、メンターになれば、自分が情熱をおぼえプロジェクトに有意義なかたちで貢献できる。あなたの弟子はあなたのもつ経験や知識を感謝して活用し、あなたは自分が直接には関与できない作業を熱心に精力的に実行に移す手足となる存在を得る。

スティーブ・ジョブズはグーグルの共同創業者ラリー・ペイジと、フェイスブックのマーク・ザッカーバーグのメンターとなった。メンターになることについてジョブズはこう語っている。

自分に残された時間の一部をこのことに使うつもりだ。次世代が現世代の偉大な企業の血統を記憶し、伝統をどう維持していくか理解できるよう手を貸す。シリコンバレーはずっと私にすばらしい支援をしてくれた。今度は、私が最善を尽くして恩に報いる番だ。

メンターになるということは、「受けた恩を次の世代」に返し、未来に影響をおよぼすことだ。

資金を活用する

お金が世の中を動かすことはないかもしれないが、お金のおかげでものごとが一段と楽に進展することは間違いなくある。

資金が足りないとき

資金不足は、アイデアを実行に移そうとするときに越えなければならない最も心理的に消耗させられる障害のひとつだろう。この心理的障害を克服するにはものごとを大局的に見るといい。世界の人口の半分は毎日2ドル以下の生活をしている。本書を読んでいるあなたの生活水準はきっと世界の平均所得以上のはずだ。資金不足とは相対的なものでしかない。考え方を変えて、自分がいかに恵まれているかに気づけば、今まで見えなかった資源が自分の手の届くところにあったと分かる。

成功を手に入れるために資金が足りないときは、自分で創意工夫すればいい。スーザン・ピーターセンが革製品の会社で達成した成功がその最たる例だ。事業を始めたばかりのころ、材料を買う資金がなかったとき、スーザンは創造力を働かせ、不要になった窓のガラスをはずし、アルミ窓枠をリサイクルして現金を手に入れた。これこそレバレッジだ！　必要な資本を得るため、自分の創造性をレバレッジすることができる。

お金を使わずにできることを可能なかぎりやること。必要な資金が手に入ったときに首尾よくスタートを切るため、資金がないことを逆手にとって必要な準備を怠りなくするのだ。

自分のプロジェクトの緻密な青写真をつくろう。アイデアを実行に移すためにやるべき基礎工事的な作業を見きわめておこう。自分にはない資源を持つ人と手を組むか、資金調達の手助けをしてほしいと頼もう。あなたが成功を確かなものにするための基盤づくりに汗水をたらし努力していれば、人はあなたのアイデアに投資したくなるだろう。そして、資本を必要としない初期的な準備作業は案外多い。とにかく前へ一歩踏み出すのみだ！

楽観的になろう。魔法のように、何もかもがあなたの望んだ結果に向けて進展していくと考え、そのうえで、自分の命がそれにかかっているかのように努力しよう。私と妻のナタリーはそうやった。起業家として、私たち夫婦は何度も幸福感に浸り、何度も憂き目に遭った。うまくいかないときもポジティブに考え、団結し、明日はないかのように懸命に働いた。それが嵐を乗り切るのに有効な方程式だと知った。夢に向かって進む一方で、生き残るためには空き缶を集めて現金に換えることも辞さなかった。

資金が十分にあるとき

幸運にも、プロジェクトに注ぎ込む資金が自分で用意できるのなら感謝しよう。それでも積極的に十分な準備をし、自分の資源を賢明かつ慎重にレバレッジして、資金を可能なかぎり長続きさせること。

レバレッジ——STARTという井戸を利用する

水を汲むにはまず井戸を掘らなければならない。STARTの原則に忠実に従っている間、わたしたちは井戸を掘っている。レバレッジをするとは、そこから何かを引き出すということだ。STARTの原則に忠実に従うとは、やむをえない事情が生じたときに利用できる深い井戸を掘って準備することを意味する。つまり、STARTの原則にしたがって生きながら、機が熟したらチャンスを逃さないための基礎工事を行っているのだ。

残念ながら、レバレッジとはネットワーキングを通じて行うものだと考える人は多く、そう教えている人もいる。ネットワーキングは有効だがそこには限界もある。特に、ネットワーキングを講演会に話を聞きに行くこと、うまくきっかけをつかんで会話を始めること、できるだけ大量に名刺を配ることと同義と考えていれば、なおさらだ。この種のネットワーキングは「広くて浅い」。成功につなげるにはもっとずっと深い関係を築かなければならない。

くり返し言われてきたことだが、成功するには、単独ではたどり着けない遠い先まで歩いていくために手を貸してくれる他人が必要だ。ベストセラー作家のジョン・C・マックスウェルは、「側近グループの法則（The Law of the Inner Circle）」とマックスウェルが名づけたグループを利用して結果を出す方法を教えている。

マックスウェルによると、「誰もひとりでは偉大なことを成し遂げていない……。違いを生むのは、リーダーの側近グループ（インナーサークル）だ。側近グループに属す人間は、あなたの価値を直接高める存在でなければならない。かといって、これは利己的ではない。側近グループがあなたにとって好ましい効果を上げなければ、あなたはリーダーとしての能力を発揮できないからだ」

マックスウェルは、側近グループは「あらゆる言動において卓越性、成熟性、善良性を発揮」しなくてはならないと述べている。これに付け加えてさらに強調して言わせてもらえば、あなたにとって究極的に重要なことは、「（あなた自身が）あらゆる言動において卓越性、成熟性、善良性を発揮して」仕事にあたる人間であることだ。

その結果、必要になったときに活用できるだけの、互恵的な信頼をたっぷりと築いておくことができる。人生のあらゆる局面でSTARTの原則にしたがって生きれば、必要十分な信頼と有能で信頼に足る側近を意識的に築き、育てることができる。

自分がほしい物を手に入れるために他人を「利用」してもいいと考えてはいけない。それではレバレッジの原則を完全に誤解している。間違ったレバレッジ効果の使い方をすれば、後戻りできなくなり、継続的な成功を手に入れるチャンスも失う。

STARTの基礎には、豊かさマインドがある。誰にも行き渡るだけ十分にものが存在するという考え方だ。STARTの基本に立って利用するレバレッジは、自分の夢にどうやって到達するかばかりが対象ではない。STARTを通して、自分を利用して最高の成功を手に入れることができるよう他人に手を貸すことにも目が向けられている。

STARTの井戸からレバレッジを汲めば、誰もが勝者になる。

世界を動かすテコの力

レバレッジが完璧に理解できれば、成功実現に必要なもののすべてを手に入れたも同然だ。逆説的だが、だからこそ始めるのが難しい。

マイクロクレジットの生みの親ムハマド・ユヌスは、ポケットにあった27ドルをレバレッジし、やがて世界中の多くの人の生活を変えてしまうことになるマイクロクレジット制度を確立させた。大学生相手の講演会で、ユヌスに次のような質問が投げかけられた。「今、自分は心配事がたくさんあります。なんとかしなければならない問題がとても多いのです……。どこから手をつけたらいいのでしょうか」

ユヌスの答えはこうだ。「なんでもいい、目の前にある問題から手をつけることです。自分の手の届くところにあるものから始めるのです。私は、そうやってスタートさせた。高利貸の手から逃れるため、わずかばかりのお金が必要だった女性が、私にスタートを切らせました」

あなたのほんの小さな努力が、大きな変化の口火を切ることがある。あなたが使える資源をレバレッジして、まずはスタートを切ろう。

レバレッジは、個人的な成功だけに有効な原理ではない。世界を変えることも可能な原理だ。あなたの貢献があれば、世界さえ変わる。

ポーランドにこんなことわざがある。「みんなが自分の家の前を掃除すれば、町はすぐにきれいになる」。

みんながニュー・スマートを実践し、夢のとおりに生き、自宅の前を良い方向に変えようと努力すれば、地球は一夜にして変わらないだろうか。私たちが、自分の手に入る資源を意味あるやり方でレバレッジすれば世界を良くすることができ、その道の途中で私たち自身は大きな幸福と成功を手に入れる。

人間一人ひとりは一滴の水である。それが集まれば大海にもなる。

――リュウノスケ・サトロ（詩人）

自分のしていることなど、大海の一滴ほど小さなことだと思うものですが、その一滴がなければ、大海はできません。

――マザー・テレサ

14 最終章
新しいスマートな人生の始まり

そのことを考えない日は1日もないというものが何かあるのなら、それを絶対にあきらめてはいけない。

――無名人

そのミルクはすっぱかった。

地球の反対側のモンゴルのウランバートルで、私は礼儀を欠かないよう馬乳酒を飲んでいた。私たちのカシミヤ会社が借りる建物の所有主との商談を終えたところで、馬乳酒は事業のパートナーとなったモンゴル人、オドゥゴの心づくしの祝酒だった。

私は、開発途上国の人たちが商売を通じて自立するのを手助けしたいという自分の途方もないアイデアのせいで、外モンゴルまで行くことになるなど夢にも思ってもいなかった。

結局、この会社は計画どおりに進まなかったが、結果的に、このプロジェクトの失敗が私の今までの人生で最も驚くべきチャンスにつながった。まさに奇跡のように、1つのことが別のことへと発展していった。

これまで私の人生はバカげたアイデアに次々と乗り出していくことの繰り返しだった。バカなことを実行に移すときの真のパワーを何度も何度も経験するうち、それにやみつきになってしまった。

人生のたそがれ時を迎えた人たちにインタビューをすると、繰り返し同じ後悔の言葉を聞かされた。「あの大旅行を実行すればよかった」「あのアイデアを実現すればよかった」「自分の夢を追いかければよかった」というふうだ。

後悔の声の中でも最も強く心残りが感じられたのは、「愛する人ともっと多くの時間を過ごせばよかった。家族と一緒に過ごす時間をもっと作ればよかった」というものだ。

もし私が、もっとよい父親になることに時間を使わないで仕事の忙しさにかまけていたら、どうだったろう。父親がオムツを替えるなんて沽券にかかわると思い上がっていたら、どうだったろう。もし、先延ばしの誘惑に負けて、仕事が軌道に乗ればきっと息子たちともっと遊ぶ時間があるはずだと思い込んでいたら、どうなっていただろう。

ありがたいことに、私は寸暇を惜しまずに息子たちと過ごす程度には、バカの精神を持ち合せていた。でなければ、「……すればよかった」という恐ろしい後悔に暮れる人たちの輪に加わっていただろう。

人生には、通勤、仕事、食事、インターネットサーフィン、睡眠、テレビ鑑賞以外のものも必要だ。人生は、興奮、情熱、エネルギー、本当の意味の喜びをもたらす目的達成のための体験とプロジェクトに満ちていなくてはいけない。あなたがバカげた何かをスタートさせて、人生に本当の意味を発見し、そして、シンプルだけれど偉大な3つの真実を学んでくれることを願っている。

①あなたの人生は大切なものだ
②あなたの人生には目的がある
③あなたは幸せになるべくして生まれてきた

本書から、人生で何よりもすばらしく、意味のあるプロジェクトや経験をするための刺激を得てもらえれば幸いだ。

すべてのことは、ささやかでバカなアイデアから始まる。そして、1つのことがまた次につながっていき、ある日突然、あなたは自分自身というすばらしいものに気づくだろう。

■著者紹介

リッチー・ノートン

アマゾンでダウンロード数トップを飾った電子書籍『Résumés Are Dead and What to Do About It』の著者であり、人気ブログ「Start Stuff」の作者。ハワイのビジネス紙Pacific Business Newsから、ハワイ在住40歳以下の「最優秀ビジネスマン40人」の１人に選ばれた。自身も起業家。講演者として人気を博す一方、国内外でビジネス開発コンサルタントとしても活躍。

ウエブサイト：www.RichieNorton.com
ブログ：www.RichieNorton.com/Blog
配信申込 www.RichieNorton.com/email-subscribe
フェイスブック：www.Facebook.com/RichieNorton
ツイッター：www.Twitter.com/RichieNorton
リンクトイン：www.LinkedIn.com/in/RichardNorton
#powerofstupid and #newsmart
E メール：Richie@RichieNorton.com（コンサルティングや講演の依頼など）

ナタリー・ノートン

優れたライターであり、ライフスタイルを撮る写真家として国内外で活動している。スモールビジネス開発のコーチでもある。目的意識、情熱、最高のパフォーマンスをテーマに世界中で講演も行っている。家族は、夫リッチー・ノートンと４人の息子。

■訳者紹介

森尚子（もり・ひさこ）

自由学園卒。広告会社、出版社勤務を経て現在に至る。訳書に『ひとつずつ、ひとつずつ』（パンローリング）、『悲しみよ　さようなら』（世界文化社）、『顧客サービスはコーチングで変わる！』『話し方！　こう変えればうまくいく』（共にダイヤモンド社）などがある。

2015年 3 月 3 日 初版第 1 刷発行

フェニックスシリーズ ㉖

「バカ？」と言われて大正解
――非常識なアイデアを実現する

著 者　リッチー・ノートン、ナタリー・ノートン
訳 者　森尚子
発行者　後藤康徳
発行所　パンローリング株式会社
〒160-0023 東京都新宿区西新宿7-9-18-6F
TEL 03-5386-7391 FAX 03-5386-7393
http://www.panrolling.com/
E-mail info@panrolling.com
装 丁　パンローリング装丁室
印刷・製本　株式会社シナノ

ISBN978-4-7759-4134-8